THE BIBLE SIGHT WORDS SEARCH BOOK

JESUS LOVES ME

T0105428

THE BIBLE SIGHT WORDS SEARCH BOOK

JESUS LOVES ME

Peace of Mind FOR KIDS

Good Books®
NEW YORK, NEW YORK

Copyright © 2022 by Hollan Publishing, Inc.

All rights reserved. No part of this book may be reproduced in any manner without the express written consent of the publisher, except in the case of brief excerpts in critical reviews or articles. All inquiries should be addressed to Good Books, 307 West 36th Street, 11th Floor, New York, NY 10018.

Good Books books may be purchased in bulk at special discounts for sales promotion, corporate gifts, fund-raising, or educational purposes. Special editions can also be created to specifications. For details, contact the Special Sales Department, Good Books, 307 West 36th Street, 11th Floor, New York, NY 10018 or info@skyhorsepublishing.com.

Good Books is an imprint of Skyhorse Publishing, Inc.®, a Delaware corporation.

Visit our website at www.goodbooks.com.

10 9 8 7 6 5 4 3 2 1

Library of Congress Cataloging-in-Publication Data is available on file.

All scripture quotations are taken from the following sources:

The Holy Bible, New International Version®, NIV®. Copyright © 1973, 1978, 1984, 2011 by Biblica, Inc.™ Used by permission of Zondervan. All rights reserved worldwide. www.zondervan.com. The "NIV" and "New International Version" are trademarks registered in the United States Patent and Trademark Office by Biblica, Inc.™

The ESV® Bible (The Holy Bible, English Standard Version®). Copyright © 2001 by Crossway, a publishing ministry of Good News Publishers. Used by permission. All rights reserved.

The New American Standard Bible® (NASB), Copyright © 1960, 1962, 1963, 1968, 1971, 1972, 1973, 1975, 1977, 1995 by The Lockman Foundation. Used by permission. www.Lockman.org

New Revised Standard Version Bible, Copyright © 1989 by Division of Christian Education of the National Council of the Churches of Christ in the United States of America. Used by permission. All rights reserved.

Holy Bible, New Living Translation, Copyright © 1996, 2004, 2015 by Tyndale House Foundation.
Used by permission of Tyndale House Publishers, Inc., Carol Stream, IL 60188. All rights reserved.

Illustrations used under license from Shutterstock.com

Good Books ISBN: 978-1-68099-855-9
Choice Books ISBN: 978-1-68099-885-6

Printed in China

Our Great Light

Isaiah 9:2

D L W G R T T N T
A T M M G L L H Q
R G N I K L A W E
K E N E I R T N K
N Y L G V A T Q D
E R H P E A X J N
S T N R O N H E G
S N G X I E E T G
K Z L R Q S P X L

The
People
Walking
In
Darkness

Have
Seen
Great
Light
Land

Solution on page 183

Prince of Peace

Isaiah 9:6

S J Q V Y Y R Z G E
G O U S B R T R C J
X V N D B O Z A J R
R E H T A F E N C R
E M V W M P B H E M
B C Z R Z M I S J T
O M N P D L T G R N
R K V I D J O T J P
N T Q L R D N B Y N
X J T D Y P R V T T

For
Child
Born
Us
Son

Rest
God
Father
Prince
Peace

Solution on page 183

All Shall See

Isaiah 52:10

S A L V A T I O N
H D W E E Q S L L
A O K N H E Z N K
L G D L E T W N K
L S L R E A R T H
O A N Q U T Y J Q
G F N N Q O P M Y

All
The
Ends
Of
Earth

Shall
See
Salvation
Our
God

Solution on page 183

Love Is Better

Psalm 63:3

N A H T P R G T Q
N W L W N R J Z T
B V J W R L U Y L
E E R E L L F O T
T R C I V I I L Y
T L W A R O I P S
E R J O U F L I S
R M L B E S J L T
W G T M Q B E Y P

Because
Your
Love
Is
Better

Than
Life
Lips
Will
Glorify

Solution on page 184

His Love Endures

Psalm 136:26

T S A F D A E T S
T B E G H N T R R
N H I R E I E Z T
N V A V U V S D Q
E E A N E D R D D
R E V R K G N L R
H O O O O S J E P
R F F D L J P R X

Give
Thanks
God
Heaven
For

His
Steadfast
Love
Endures
Forever

Solution on page 184

He Calms Fears

Zephaniah 3:17

E T E R O I V A S M
V L V C F E A R S Q
O N I M I M L O R D
L S L V I O J B B Y
Z A G G I Y J K M Y
C L H N G N D E P R
T T R N O R G G R D
Y V Z T D S V V B K

Lord
God
Living
Mighty
Savior

Love
Calm
Fears
Rejoice
Songs

Solution on page 184

Joseph and the Angel

Matthew 1:18–21a

H T O N M A N L
T P V A N D S R
Y M E G D P R D
R R E S I S I V
D L A R O A O Y
R J I M R J L N
O T G F J O J B
L R A T H N M M

Angel
Lord
Dream
Joseph
Not

Afraid
Mary
Holy
Spirit
Son

Solution on page 184

God with Us

Matthew 1:21b–23

P E J J L W G B T L
E M Q T I W Y G B Z
O A D T N X X Q O L
P N H S D L I H C D
L U S M U D S G Z E
E L O V V S D I V B
D R L J P W E A N R
F Y W V L R S J R S

Name
Jesus
Save
People
From

Sins
Child
God
With
Us

Solution on page 184

Baptism of Jesus

Matthew 3:13–17

P L E A S E D D
J E V O L N E J
E W T O E Z S B
S T A V I P R D
U R A T I C O L
S E P R E V E N
H A I B E R O D
B T J K B S W T

Jesus
Baptized
Water
Heaven
Spirit

Dove
Voice
Son
Love
Pleased

Solution on page 184

Jesus Stays Strong

Matthew 4:1–11

T Z L T D W N W D W
R B N I O Y O R M R
E Y R R V R T S E T
S S H E S E W N M L
E T A H A O D Y Y J
D W I T R D A B B R
Q P O L A W D Y Q Q
D K D B A N J J T W

Desert
Devil
Bread
Throw
Test

World
Bow
Away
Satan
Worship

Solution on page 185

Fishers of Men

Matthew 4:18–22

E E L I L A G D
S M R C N W Z Y
L R B E O J L R
A N E L T M W G
K R L H A E E R
E O A K S N P M
F E E Y E I E L
S V G T J N F D

Sea
Galilee
Peter
Net
Lake

Come
Follow
Make
Fishers
Men

Solution on page 185

Sermon on the Mount

Matthew 5:2–12

D T H H N M X M X
K E I E E Y E H T
I M S R A A Y W R
N G C S I V R X N
G Y R F E P E T R
D J O E M L S N M
O R R J A J B J R
M A R Y T T B B G

Blessed
Are
For
Spirit
Kingdom

They
Heaven
Mercy
Heart
Great

Solution on page 185

Light of the World

Matthew 5:14–16

T X R G Y C I T Y
M H O E L Q D W L
S O G M D L Y O U
D H M I R N A Y N
A E I O L P U G B
R E W N R V L J X
E S L R E D V X M

You
Are
Light
World
City

Under
Good
Shine
All
See

Solution on page 185

Jesus Teaches about Prayer

Matthew 6:5–8

F A T H E R L D R
Y S D E E N R R G
A N E M K A R Y Y
R S I E W T B D G
P H W E S E A R T
T A R O F M Q H J
Z R S O N N D P W
Q R R K D K P J R
M E D B N T J L V

Pray
Father
Sees
Reward
Knows

What
Need
Before
Ask
Him

Solution on page 185

The Lord's Prayer

Matthew 6:9–15

F H E A V E N N N
B A E H B L N W M
R N T V T Y L O J
E A M H I R D I Q
A M T L E G A X W
D E O Y N R R E G
P U O I J J V O Y
R U K Q R Z T W F
R G D D L M N R B

Father
Your
Name
Kingdom
Will

Earth
Heaven
Our
Bread
Forgive

Solution on page 185

Treasures in Heaven

Matthew 6:19–21

S M D R D T G Q Q
N E V A E H T L Q
G R R B P R X M H
W E S U T B U T N
D H B T S R R O E
O W T V O A A R Y
D S Z O E R E E G
W Q L T N H E R H
K Y J A T Q R P T

Not
Store
Treasures
Earth
Where

Heaven
Your
There
Heart
Also

Solution on page 186

Do Not Worry

Matthew 6:25–27

R A E W O M T V
M R R D O A R M
T D Y R E P W L
M R E R L I F E
T I Y F R T D W
Z N Q D O O X M
T K P N O O W M
R B M K Z B D T

Do
Not
Worry
Life
Eat

Drink
Body
Wear
More
Food

Solution on page 186

Seek First His Kingdom

Matthew 6:31–34

Z X V Y T S A L L
S L T L W I T Z Y
N G M O N H Z Y Q
E T N O G N P B R
E K S I D T X R R
D M V R H G T J K
R E D E I T N E R
N Y S L P F E I P
J E J K N S D R K

Knows
Need
Seek
First
His

Kingdom
All
These
Things
Given

Solution on page 186

Ask, Seek, Knock

Matthew 7:7–11

D B Y M P K P L J N
E M D R W M S K P G
N D Y N L B N A O J
E G O D I O T O G S
P I W O C F D M T V
O V V K R L D F K N
M E W I L L I E N K
V N N Y M G E B V Q
B N J X M S T Y Y B

Ask
Will
Given
Seek
Find

Knock
Door
Opened
Good
Gifts

Solution on page 186

Build on the Rock

Matthew 7:24–27

R J S D N P L V L
A R O D T L I U B
I W Y H R B R Z M
N G B E E O F R B
V Q S S C A W D Q
R I U K L N R Y K
W O P L M A R S W
H J G M Z M R N L

Hears
Words
Wise
Man
Built

House
Rock
Rain
Down
Fall

Solution on page 186

Jesus Calms the Storm

Matthew 8:23–27

M W S F P Y E B O N
P A U W A V P M L M
T V S L A I D W Y J
M E E S E B T N R M
R S J K D T M H G J
O R A G A N C A L M
T L M O Y R I J M Z
S X B D J T X W J T

Boat
Storm
Lake
Waves
Jesus

Save
Faith
Winds
Calm
Obey

Solution on page 186

Jesus Forgives and Heals

Matthew 9:1–8

L H N H T N F D
J X E O T O Y L
S E W A R I I P
I N S G R V A V
N K I U E T Q F
S V L N S A S L
E T B A A M G Y
M L Z X W M L K

Town
Man
Mat
Faith
Jesus

Sins
Evil
Hearts
Walk
Forgive

Solution on page 187

Jesus Eats with Sinners

Matthew 9:9–13

B Q X J X Z Z M Y
S E E S I R A H P
R H E A L T H Y N
E E L J T S E X L
N X N H D M A S J
N K E N O T I W X
I W D H I C T A E
S L B P K D V R Y

Matthew
Home
Dinner
Tax
Sinners

Pharisees
Saw
Eat
Healthy
Sick

Solution on page 187

Blind No More

Matthew 9:27–31

B D E H C U O T L
D E E H T I A F V
N S L N D M Y E S
I E T I E L O R D
L Y E R E P N J Y
B E C J N V O T W
S Y L M G T E V R

Blind
Mercy
Believe
See
Yes

Lord
Touched
Eyes
Faith
Opened

Solution on page 187

Sending Out the Disciples

Matthew 10:1–9

P T X P L A E H S
R G W E T N Q E Z
E Z J E B N L Z E
A M T H L P E S T
C Y J S I V I S G
H Y E C L A E I K
Y X S Z R O V K Y
Y I U T R E S D Z
D G S L Y D L T J

Jesus
Disciples
Twelve
Sent
Lost

Sheep
Preach
Heal
Raise
Give

Solution on page 187

The One Who Is to Come

Matthew 11:1–6

D V H E A R D E
R E M R W B S S
X O A N J L I Q
C T W D E G G B
N D B A H W L J
E N O T L I S W
N B B O N K R Q
J X Q D G N D N

One
Come
Else
Blind
Sight

Walk
Hear
Dead
Good
News

Solution on page 187

Jesus Gives Rest

Matthew 11:28–30

S N R T M E K A T
L L W Q S Y O K E
I E U E C E M D K
G J V O A Y R M P
H L M I S R R L R
T E L A G R Y Q D
R Q E A B J N K K

Come
All
Weary
Give
Rest

Take
Yoke
Souls
Easy
Light

Solution on page 187

The Family of Jesus

Matthew 12:46–50

G D D T Y L M M R N N M
Y R D V S M K O L K X Y
N Y P W G R H V T T M D
E N O Y N A E E O H K T
D O E S L P Q H A H E B
W L D Q D Y W Y T V W R
F Q K N Q R M I K O E T
D A N N E T J D L L R N
G N T T L E R L Z L J B
G Y S H S M N K B M K L
L I V U E T J D D V Z L
S R S L J R R X B D L G

Jesus
Mother
Brothers
Who
Anyone

Does
Will
Father
Heaven
Sister

Solution on page 188

The Mustard Seed

Matthew 13:31–32

T M S T S E G R A L R
D S O W B B Q M N D N
H E E D O D E E S J M
E F T L G R B I R D S
A I T N L N G R Y B R
V E B R A A I R Q D R
E L N V E L M K D J Q
N D W N M E P S B L D

Kingdom
Heaven
Seed
Planted
Field

Smallest
Grows
Largest
Tree
Birds

Solution on page 188

Jesus Feeds Five Thousand

Matthew 14:13–21

E F O O D P J M H Y N
J A G N I S S E L B E
R L T E Y R A B E V D
V O T B V V Z K I M Y
Z A W M E I O G F W Y
M V O N J R F I R N X
Y E P X B M S L N P Z
Q S Y N P H R Q W M V

Food
Give
Eat
Five
Loaves

Two
Fish
Heaven
Blessing
Broke

Solution on page 188

Walk on Water

Matthew 14:22–32

L D B R D D B P T Y
N N Q T S N Z Q Q Y
A F R A I D I F N D
N D V T Z J A W R B
Y E Y L B I E E D G
S Z J T T M T S R J
M I A H O E A L U J
T O N C P Z B E Q S
B G L K Q T J B S J

Boat
Wind
Sea
Jesus
Afraid

Peter
Come
Sink
Save
Faith

Solution on page 188

Miracles of Healing

Matthew 15:29–31

E H K A E P S
D E S U S E J
W A L E E D M
O L A I N E L
R E A I L A S
C D L M I A Y
L B L D E M G

Jesus
Sea
Galilee
Crowd
Lame

Blind
Speak
Laid
Healed
See

Solution on page 189

Son of God

Matthew 16:13–20

Q Y N D H L H D B R
H O Q T I E D K Z D
S A R V A E Y L J X
P A I V S P Y E R A
E N E S E T D M Y L
G N E T S D R L K Y
N L E M O E S Y E K
B R V G M G M N P R

Are
Messiah
Son
Living
God

Blessed
Peter
Keys
Earth
Heaven

Solution on page 189

Like the Sun

Matthew 17:1–8

W D N F J L M
D O U E A E T
T I S O N C E
L U A O L T E
S I H R I C N
U S K H F O T
N Z W E S A N

Jesus
Face
Shone
Like
Sun

White
Cloud
Son
Not
Afraid

Solution on page 189

Humble Is the Greatest

Matthew 18:1–4

G R N M O W V K H B Q G
R V N H O G N E M M R K
E R W X R D A V R L Y T
A E L P N V G S Y H M Q
T N J I E T I N U G T D
E O S N T H Q M I W M Y
S Y T E T T B B L K B V
T N Y Q M L L D L I H C
D A L N E O V E G B J L
L T M Y M W C J G Z P Z
L J Q G Q R M E Y P D N
W Q X Y Z B D D B J X D

Anyone
Who
Becomes
Humble
This

Little
Child
Greatest
Kingdom
Heaven

Solution on page 189

Little Ones Who Trust

Matthew 18:5–6

T B B Q N G J L
X R E E N S I N
A F U T G T E T
O R A S T R Y A
T N O L T E A M
N S E U L S R L
I I R S N R V R
J N L N Z D R D

Little
Ones
Trusts
Fall
Into

Sin
Better
Large
Around
Sea

Solution on page 190

Don't Look Down

Matthew 18:10

N R A L L D O W N
E E L L N O L P Y
V H A N W I O R B
A T Z N T A R K B
E A S T G I Y T R
H F L E E E E S Q
Q E D H N L L Q N
L B T Y L O Z S K

Look
Down
Little
Ones
Tell

Heaven
Their
Angels
Always
Father

Solution on page 190

The Lost Sheep

Matthew 18:12–14

S L E A V E J M
N E E P S T H M
L N C D E U T S
O I N I N N H M
T I T D O E O T
F N R T E J S G
T E E P L O E Y
D M G W L E J R

Hundred
Sheep
Gone
Leave
One

Went
Finds
Little
Rejoices
Lost

Solution on page 190

Where Two or Three Gather

Matthew 18:19–20

Q R W E P R D Z Q R
D P M H E T H E R E
G A T H E R E D Z N
N W T D D R M V N N
O A K O L P E G L J
F S D N E E R H T P
A Y M E H T Y N W K

Ask
Done
Father
Where
Two

Three
Gathered
Name
There
Them

Solution on page 190

Little Children, Come

Matthew 19:13–15

S A I D T M B R Y Y
Q B H K S E B E T M
Y N J E V U L L N R
Q G E K A T S L P N
B N D R T V C E E T
T O W I D O E V J T
F L L B M L K N D T
Q D L E D T I Q N Z
V Q P N Z Z B H T B
W J T X J D N O C B

Jesus
Said
Let
Little
Children

Come
To
Me
Of
Heaven

Solution on page 190

All Things Are Possible

Matthew 19:26

N L G W Q N Y J T J
E L B I S S O P S K
G Y G T Q R D U T D
X G N H K R S H X T
A L L B S E I N R B
B L Y A J N R R A T
J U I G G M Q A Y M
R D T S O Q X R Q M
Y R Z T R D J T T M

Jesus
Said
With
Man
But

God
All
Things
Are
Possible

Solution on page 190

Made Equal

Matthew 20:1–16

E K W O R K E R S
R Q E N D T L T N
E I U M M N S Y Z
V P G A A A D T T
A D D H L S S W M
G E A D T R Y A P
G B Z Y I Z N R T
T M Y F B Q L M D

Workers
Pay
Day
Right
Equal

Made
Same
Gave
Last
First

Solution on page 191

Jesus Is King

Matthew 21:1–11

S E H C N A R B L K
C Y K K W D S J B Q
L X O T N D G R K K
O H Y U E B Z Y D D
A B O E R D Y W T Z
K X N S K T R L K B
S Y J R A N Y O R L
K I N G R N O I L J
J Z M O M N N D G Y
R D A Z V G J A B R
D D X M N Y K N Y M

Donkey
Bring
Lord
Needs
Your

King
Cloaks
Road
Branches
Hosanna

Solution on page 191

The Greatest Commandment

Matthew 22:34–40

E N V J Y N R R L D
V E S O U L U P V V
O I D V R O D H Z X
L G N Z Y W E F Z W
M H I D B A I A T V
V B M Z R R J Q L N
Z O M T S O D O G L
T R Y T W K L B T Z

Love
Lord
Your
God
All

Heart
Soul
Mind
First
Neighbor

Solution on page 191

On the Clouds of Heaven

Matthew 26:62–67

N L B R X M N L Y
O N H A I S S E M
S V N N P G C N M
Y B X O N L E T N
P L W I O V H D N
N E M U A G N R L
R O D E I A O G Y
C S H R H F O D Y

Messiah
Son
Of
God
Power

Right
Hand
Coming
Clouds
Heaven

Solution on page 191

The Earth Shook

Matthew 27:50–54

S N N T T D I A S
H Q J O S B Z D Q
O D R E C A E M D
O N U R S A L D M
K Q I O R U N Y M
N E J T L O S B Y
D Z H D S D O G Z

Jesus
Cried
Loud
Last
Torn

Earth
Shook
Said
Son
God

Solution on page 191

Do Not Be Afraid

Matthew 28:1–10

E P L G J P N L L B
R Y J Z E A E Y T T
E L T N F G Y Z G X
H Q O R N Y D R B M
J T A A A T J M A G
S I N E Y I O J Q M
D E A D E T S N P R
V Z M Y X S D E J D
J N R J J X J T D X

Mary
See
Tomb
Angel
Stone

Not
Afraid
Here
Raised
Dead

Solution on page 191

Jesus Casts Out Evil

Mark 1:21–28

O D T W M S Y D N
H J O Y P O G V Q
W N E I U L M N T
K N R S I T H B Z
O I A V U O G O D
T R E B L S T Q T
E N D Y M D G W B

Jesus
Evil
Spirit
Know
Who

You
Are
Holy
One
God

Solution on page 192

A Town Cured

Mark 1:29–34

K S I C K R L
C O F K L E D
J U O E F N H
D Y R T V O V
P N G E U E D
U A A S D E R
K M E H B Z P

House
Bed
Fever
Took
Hand

Up
Left
Sick
Cured
Many

Solution on page 192

Be Clean

Mark 1:40–45

L M A K E U Y
T E V H O L Y
F H P Y A C T
E I Q R L N Q
L M N E O N D
B M A N D S K
E N Y C M Y Y

Man
Leprosy
Came
You
Make

Hand
Be
Clean
Left
Him

Solution on page 192

Good Always

Mark 3:1–6

S E O D D E V I L
A E B O B J P R P
B S O D E S H V T
B G L S T A B D D
A N U A N D G B M
T S N D E P P V J
H D J X U H M N L

Jesus
Hand
See
Heal
Sabbath

Stand
Up
Do
Good
Evil

Solution on page 192

Grow with Jesus

Mark 4:26–29

K T D I A S G G
I S S C A N R L
N E E H O O Z Y
G V E N W M N R
D R D W I T E D
O A O W O A V G
M H G J K N R G
Y L M D M T K G

Said
Kingdom
God
Seed
Grow

Know
Grain
Harvest
Has
Come

Solution on page 192

A Touch of His Robe

Mark 5:25–34

F P Q K W X T M Y
A B O G Z O Q T Y
I E V W U E B O R
T T D C E X W N K
H T H E Z R A Z X
T E E Y L M Z W J
P R J N O A E N K
W J J W O L E T Q
R K B J L G J H R

Woman
Better
Touch
Robe
Healed

Power
Gone
My
Faith
Well

Solution on page 192

The Sleeping Girl

Mark 5:35–43

F R Y N T A D L
A W Q D S L I D
I M A L E T I M
T J E S T A C Z
H E G L R H D L
P E E F I M R T
T U A L G I K R
M Y D W G D D R

Afraid
Faith
Saw
Child
Dead

Asleep
Little
Girl
Get
Up

Solution on page 193

Faith and Miracles

Mark 6:1–6

M E T F M M T Z
I M E T A A B C
R O A R H I O X
A H C W E U T T
C N H H L H D H
L W Y D I Z W Q
E O N N L M B K
S T R V A R M X

Home
Town
Teach
Where
What

Him
Could
Any
Miracles
Faith

Solution on page 193

Running to Jesus

Mark 6:53–56

H T Y E L P O E P L
B E G G E D S B J S
T R A H B B Y I T L
N O Q L C B L A C R
E B Q L E U M L T K
W E N B G D O H Z R
Z D A B Y V E T T D
X Z R Z B Y T L V X

People
They
Ran
Sick
Mats

Went
Begged
Touch
Robe
Healed

Solution on page 193

Ears Opened

Mark 7:31–37

D E N E P O M P M
S T N D P S U R S
R N G T E T A R Z
A E H N P A E I N
E V E J I G F P D
L A A K N K Q D B
L E R I L Y O Q N
N H F M M A D O D
Z P N Z D Y T Y L

Deaf
Put
Fingers
Looking
Heaven

Said
Ears
Opened
Hear
Talk

Solution on page 193

Jesus Feeds Four Thousand

Mark 8:1–10

L E J D L D G Q
L D L E A N X Y
A B F P I Y R M
M T R H O G S O
S H T E N E V Y
M O S U A E P E
N L H I R D A J
B L N M F T G Z

Nothing
Eat
People
Days
Hungry

Bread
Small
Fish
Left
Over

Solution on page 193

Baskets of Bread

Mark 8:14–21

S B Y N A M T Z T
T R R S T R A E H
E E F O T V B Y T
K A N A K D S N M
S D O O O E J B Y
A B D R Y L M P M
B Z W E S R A E L

Bread
One
Loaf
Boat
Hearts

Eyes
Ears
Broke
Many
Baskets

Solution on page 193

Welcome the Child

Mark 9:36–37

N A M E D D L W
M R Y M E N E X
S T E N Y L A D
E O O V C N L N
N N S O E I D Q
T J M U H O W N
Y E Q C C M H W
S Z N P L H Y W

Whoever
Welcomes
One
Such
Child

My
Name
And
Not
Sent

Solution on page 194

Miracles in His Name

Mark 9:38–41

C Y F D N K M
H O O A L I N
R T M U R O S
I E S A R E T
S D C T O Z N
T L A D O A W
E Z B B C P W

Your
Name
Told
Stop
Does

Miracle
Can
Bad
For
Christ

Solution on page 194

The Kingdom of God

Mark 10:14

C L I T T L E K
H B P W T G I J
I S E E V N O T
L T L L G C H D
D O Y D O E Q H
R P O M S N C K
E M E E V U G Q
N N D Z S B Q S

Let
Little
Children
Come
Stop

Such
These
Kingdom
God
Belongs

Solution on page 194

Receive as a Child

Mark 10:15

E E Y E W Y L L
L R V D N Z O K
T Y L I D T I U
T K L L E N E D
I L I U G C O R
L H L D R E E D
C T O E S T O R
N M Q M T G M P

Truly
Tell
You
Does
Receive

Kingdom
God
Little
Child
Enter

Solution on page 194

Blessings from Jesus

Mark 10:16

D E S S E L B X
R S K H S M R A
Z D E O E P U K
Y N I H O H M L
D A T A I T W K
T H R S L O N Q

He
Took
Them
Up
His

Arms
Laid
Hands
On
Blessed

Solution on page 195

The Last Will Be First

Mark 10:29–31

F M E H L A S T
I E U F T W T K
R M T C I U H M
S O Y Y H L R O
T C N B L A N T
M A T E T D G W
M Q T D V N Z E

Tell
Truth
Much
Age
Come

Life
Many
Who
First
Last

Solution on page 195

Jesus Came to Serve

Mark 10:35–45

T W T S E R V E
A G I F I N O S
E T L G E D N Z
R M H O N L M N
G T A A R N A M
M Y H C D Y V W

Sit
Right
Hand
Left
Glory

Great
Son
Man
Came
Serve

Solution on page 195

Jesus Heals a Blind Beggar

Mark 10:46–52

G J H R D Y Y V N
B W T N T U O H S
Y E I J E L G B D
M L A S Y D E L Z
B L F C I G A E Z
M N R Y G G V M T
L E A A B A H Q V
M S R J H T R T M

Blind
Beggar
Shout
Say
Have

Mercy
Faith
Made
Well
Sight

Solution on page 195

Hosanna in the Highest

Mark 11:1–11

S M Y G Z N K D Q Q
A E H I G H E S T Y
N R H T N S C O L T
N D A C S K A O L C
A S N E N R Z W T J
S L L U O A E M N D
O B Z A O N R D Z T
H R D Y T F R B V M

Found
Colt
Cloaks
Sat
Road

Branches
Went
Hosanna
Blessed
Highest

Solution on page 196

Faith to Move Mountains

Mark 11:22–25

M E V E I L E B X Z L
B O S N S R N O T N I
P E U R L W H T I A F
A R U N O E V A H W N
W O A R T Z D G B T R
Y I H Y M A G D M Z Y
M T L Y T Z I M L L K
Q B L L M D T N N J X

Have
Faith
Mountain
Thrown
Into

Sea
Pray
Believe
Will
Yours

Solution on page 196

The Son in the Vineyard

Mark 12:1–12

D R L J T S R T V
T R M R O N I Y J
S T A N L U E T X
E E B Y R S N W R
V N G F E A B L P
R A D N V N O N L
A N T R N V I A N
H T E D E Y S V W
Z S B D N T P P L

Vineyard
Went
Harvest
Sent
Servant

Tenants
Fruit
Son
Loved
Last

Solution on page 196

All to Jesus

Mark 12:41–44

R I C H C L M L L X
A G T O D O A T N B
L V I T N R Y L W B
L N B E G L D K M O
S R Y E Z Q L T L D
Q O M P M R W A Y D
V O D O T O Z Q M T
Z P R M D B R R D S
P E T I P D Q W Q B
V M W Y M G Y J T J

Money
Rich
Large
Poor
Widow

Two
Small
Coins
More
All

Solution on page 196

Jesus Will Return

Mark 13:26–27

N A M W B M D Q P Y
L B P R G N K V X X
R R L P P S N Y Z Y
N M Y O D W W R Z D
Q V W U A N G E L S
Q E O Y R N N R P W
R L K R M E O O E R
C B A O T W V E S Y
N Y V L K P S O P R
G Z P G L Z Z B P Y

See
Son
Man
Clouds
Power

Glory
Angels
All
Over
World

Solution on page 196

The Last Supper

Mark 14:22–25

J J Y E Y N Y D L Q
K L V G D K O Q J G
Z A M L B O S I H T
G N B R L Y L D A P
K P E B T L Y K M X
Y A S M R V E W L Z
D W P U B O D Y T M
N I J U S V K T R D
R N L Q C E L E D N
P E M Z B B J T N B

Jesus
Bread
Broke
Gave
Take

This
Body
Cup
Wine
Blood

Solution on page 196

Jesus in the Garden

Mark 14:32–42

Q R T W S R S
L O E O H S X
N L U H A A H
Y L I P T C T
S A Y W T A J
I G R A M B F
T D W P C U P

Sit
Pray
Soul
Watch
Pass

Father
Cup
Not
What
Will

Solution on page 197

Jesus Is Arrested

Mark 14:43–50

T S I G N D Y N M Y
J W L M G B M N W N
U K E S T S E I R P
D D I L W R L T A P
A E D S V L F W Q R
S L N Q S E A P M N
D F J O L Y K R T X

Judas
Twelve
Priests
Sign
One

Will
Kiss
Away
Left
Fled

Solution on page 197

Jesus Is Questioned

Mark 14:53–65

C H J P E N Y T
H I G E T N O N
R G E U S N O S
I H P S E U H N
S X T V L T S W
T G A I A A B R
Z E X E P T F D
H L D X D S T T

Jesus
High
Put
Death
None

False
Christ
Son
Heaven
Spit

Solution on page 197

King of the Jews

Mark 15:6–20

D J Z K S N C R B Z
S J I U W R O R N X
P N S O U B N L Y D
G E R C E T A L I P
J C I O L J P N N R
B F M J H L J E W S
Y I L G Y T A P T R
H N P M Z Q X C Y Z

Pilate
Call
King
Jews
Crucify

Him
Jesus
Robe
Crown
Thorns

Solution on page 197

On the Cross

Mark 15:25–32

L T F L E S R U O Y
C R U C I F I E D D
T H W S D E V A S V
E T R A S E T T Z Z
M K Y I I O H B G T
P S I L S R R B V L
L T E N E T K C M L
E B T E G Y L N R G

Crucified
Temple
Three
Days
Save

Yourself
Cross
Christ
King
Believe

Solution on page 197

Death of Jesus

Mark 15:33–39

N I A T R U C D
J E S U S J A D
H R K T B R O K
V A O A K G D G
L R J N S E B N
N A E I I R O R
Y S N R L S O R
S D C D L E Y F

Darkness
Land
Jesus
Cried
God

Forsaken
Elijah
Curtain
Torn
Son

Solution on page 197

The Tomb

Mark 15:42–47

H P E S O J K C O R
D G N Y Z Z G Y L Y
E E W E D T O M B W
E T L J N O Q D B M
N L A L E I B W N J
O A R L O S L B R T
T I L K I R U Y W D
S D Q L T P X S D N

Joseph
Pilate
Body
Jesus
Linen

Tomb
Rock
Rolled
Stone
Laid

Solution on page 198

Jesus Is Risen

Mark 16:1–8

A R S Q B Y N U S
F O N T L T Q M D
R L K R O N J N B
A L A M E N A R N
I E B S M W E L Q
D Y I M A R Y T G
T R Q Y D A Y R V

Mary
Early
Day
Sun
Tomb

Roll
Away
Stone
Risen
Afraid

Solution on page 198

The Great Commission

Mark 16:15–18

E L W T T Z Q N T D
M V M O K Z O L L A
T Y E G R I R R T P
S H O I T L S A I D
W R E A L I D D X D
E M E M N E O B Q B
N R R T T O B R B L
C G O G G L Z X R N

Said
Them
Go
Into
All

World
Good
News
Creation
Believe

Solution on page 198

Jesus Ascends into Heaven

Mark 16:19–20

T H D J N N V Q
A A F T E R L G
K N K V I O T K
E D A G R N D G
N E H D E D O G
H T U W T U G T
G Z N P T X D J

Lord
After
Taken
Up
Heaven

Right
Hand
God
Went
Out

Solution on page 198

Ready for Jesus

Luke 1:5–25

A N H O J M K E Q
N T L O R D L D D
G R S X E P G B V
E Q N E M K E L W
L V W E I F A R Q
W R T H O R E M Z
D Z M R T A P B T
X T E G D R S G M
N M X Y T Z I O Q
Z N P B W X G B N

Priest
Temple
Angel
Lord
Son

John
Birth
Before
Make
Ready

Solution on page 198

An Angel Sent to Mary

Luke 1:26–38

G U S M A R Y D R
A A O U Q G T O N
F L B Y S N J Z N
R E L R E E W M D
A G O S I I J G T
I N R R T E T K Q
D A D H B M L L R

Angel
Gabriel
Sent
Mary
Lord

With
You
Not
Afraid
Jesus

Solution on page 198

Mary and Elizabeth Believe

Luke 1:39–56

D D L I H C D R
E W E N T E H S
V T N S P R F J
E Y I A S R Q Y
I M E R U E L M
L L A I I O L K
E Z T R H P D B
B G J V Y J S G

Mary
Went
Child
Leaped
Holy

Spirit
Blessed
Fruit
She
Believed

Solution on page 199

John the Baptist Is Born

Luke 1:57–80

R N A M E L S
E R E H T A F
H R G J V N K
T O O I O A K
O O O F E H A
M R H P E L N
L L S W L B W

Mother
Name
John
Father
Speak

All
Who
Savior
Go
Before

Solution on page 199

Jesus Is Born

Luke 2:1–7

J B Y B A B N P Y N
O Q E V E O B R D J
S W L T S R B Y P J
E T E J H V E G N Q
P L N N J L M H N M
H Y R D T A E T T P
D R O B N N O H R D
R A B G J W Z Y E X
L M E D N B N M W M
Y R V Y J R L Y Z J

Town
Bethlehem
Joseph
Mary
Went

There
Baby
Born
Son
Manger

Solution on page 199

Shepherds Visit Jesus

Luke 2:8–20

S D R E H P E H S
N N I L W X P M Q
H I D A E D O O G
C G D L R G M Y K
T H N S I F N M G
A T A E N H A A D
W I R O W N C D N
D R T B L S Y Q X

Shepherds
Watch
Night
Angel
Said

Not
Afraid
Good
News
Child

Solution on page 199

Jesus in the Temple

Luke 2:21–40

T H G I L N G I S
W N P L O H I M Z
I C E E L P M E T
L H M S L D E Q Q
L I T O E M R B J
S L R J A R M M Y
N D D C L Y P J Y

Present
Him
Lord
Simeon
Came

Temple
Child
Light
Sign
Will

Solution on page 199

In the Father's House

Luke 2:41–52

T A M A Z E D H
E T N E W B O L
A D R X L U O E
C S Q E S O L Y
H Y Y E H P O F
E J Y A M T I K
R B R E D N A N
S V T Q D W Z F

Boy
Went
Look
Find
Days

Temple
Teachers
Amazed
Father
House

Solution on page 199

John Prepares the Way

Luke 3:1–18

Z V D J G P L W X M
N T O E V G A L F Q
B H N D R T Y I N T
N D R E E A R P I D
S O J R W E P R J Y
W I X R B V I E A T
D X N Z N P M W R N
O D R S S P N J T P
G K V K J Q Z L Q R

Word
God
John
Went
Sins

Prepare
Way
Water
Spirit
Fire

Solution on page 200

Jesus in Nazareth

Luke 4:16–30

Q F T T B G H Y N
T L R R O T N E S
Z H I E U W G X R
M N G R E O N M V
G E T I O P O O R
J W K D S T E L L
T S R Y G T T M D

Bring
Good
News
Poor
Sent

Sight
Free
Tell
Truth
Town

Solution on page 200

Jesus Must Preach

Luke 4:42–44

K T N E S S W H Y
H I R D U R D R N
C N N S O N T L D
A N E G U O M J Y
E J E O D U G N R
R D F W S O D O G
P D N T S L M X X

Jesus
Found
Must
Preach
Good

News
Kingdom
God
Why
Sent

Solution on page 200

Boats Full of Fish

Luke 5:1–11

G P C L Y J T P N
F N B A B X M Q L
I R I O T A S A W
S E A H N C D D P
H T G Y T O H D J
S A E T W O W V M
Y W K N I S N T R

Saw
Boats
Nets
Water
Down

Catch
Nothing
Many
Fish
Sink

Solution on page 200

Love Your Enemies

Luke 6:27–36

Y G M O T H E R S G
E V O L R N G P P T
W V R R E H R I T R
H R Y M U A A R V R
O P I B Y O B T N E
T E M V P Y Y D E J
S D O O G K I N D M

Love
Your
Enemies
Good
Who

Hate
Pray
Give
Others
Kind

Solution on page 201

Do Not Judge

Luke 6:37–42

S P E C K N E
J N T O N V V
W U W Q I X P
I N D G L K K
L G R G C G E
L O T A E Y T
F L B T E K D

Not
Judge
Will
Forgive
Get

Back
Speck
Eye
Log
Own

Solution on page 201

The Good Fruit

Luke 6:43–45

F L M R O N Q N Q
R I V L O W G W G
U V T S T O N V N
I E R R O B O U T
T E E D A H C A E
P E Z D V E B M D
Z M J V X Q H G G

Good
Tree
Bad
Fruit
Each

Own
Person
Out
Heart
Evil

Solution on page 201

Faith Like This

Luke 7:1–10

W D Y K R R H R D L
T H I S O E E R L Y
Y P L M A C G H M K
E H A L I T T L G Z
V N T F G I X J R L
A L F R A P E R P M
L O I F O S C O M E
S M M K U W K Y T L
B J J S E M Z D P M

Slave
Roman
Officer
Jesus
Come

Heal
Worthy
Faith
Like
This

Solution on page 201

The Widow's Son

Luke 7:11–17

T Y D Q K M N K
A Q T G E L W N
S M Z G Y R A N
N C R O W D P T
M A U W O D I W
L N M N S C V B
G T L L R O Y L
B Y R Y D Y N J

Large
Crowd
Young
Man
Widow

Only
Son
Cry
Sat
Talk

Solution on page 202

The Pharisee's House

Luke 7:36–50

E L W T E E F N
S E P O S V E N
R M S N M V O R
A H I I I A I L
E S O G R A N M
T N R U H A O Z
N O R D S R H T
F N T Y E E B P

Pharisee
House
Woman
Feet
Tears

Hair
Love
More
Sins
Forgiven

Solution on page 202

The Parable of the Sower

Luke 8:4–15

Z S X D P B N N D L
L O L T R G D R Q M
M I R J L O A E P Y
E L J L G E W A E G
Q M E O H S R J O S
T F O D W A O D W J
G D K S B X Y W N Y
V T Z L D N D J E R
D R E L T D M L Y R

Parable
Sower
Seed
Some
Fell

Good
Soil
Word
God
Heard

Solution on page 202

The Son of Man

Luke 9:21–27

D K R N P T N T M G
E J E S U S R B M G
S D S A W E O F J N
I E J D F Y R N A Y
A A L F R O D M A W
R D U J M I M D X D
K S B Z V T H J R D
T J W V Y Y L T L L

Jesus
Was
Son
Man
Suffer

Third
Day
Raised
From
Dead

Solution on page 202

Jesus Sends Seventy–Two

Luke 10:1–24

Y V T W R E T O X T
B Y N Z V Q W E W L
S E V E N T Y T L G
R E R L Y B P O X L
A Y S L K E P W L L
E M B U A S Q N T Y
N K M C O H E A L M
M Y E K K H M N L N
Z M J Y R W Y V T W

Seventy
Two
Sent
Every
Town

Peace
House
Heal
Tell
Near

Solution on page 202

The Good Samaritan

Luke 10:25–37

L R Y M Z Y J V S B
N A O J K E M A Z W
Y P W B R Y M Y T Q
C L Z A H A L I F E
R L C E R G W M J B
E M V I Z H I D W T
M O T Z O N L E D R
L A M T Z K L L N B
N R M Y M D T D A V

Life
Law
Love
All
Who

My
Neighbor
Samaritan
Care
Mercy

Solution on page 202

Mary and Martha

Luke 10:38–42

A H T R A M B Z V
Y R E S R F E E T
W R S L T E N G T
O G A I P I N J Y
R Z Y M S I S O G
K A L T H T Y D T
W R Q T Y B E W N
X N T V G B L R W

Way
Martha
Sister
Mary
Feet

Sits
Work
Help
One
Thing

Solution on page 203

The Light in You

Luke 11:33–36

B O D Y L V D
U K L A M N Y
S N M L A T T
T P D T U H D
U E S E G F U
P E Y I R O N
E Q L E Y K L

Lamp
Puts
Under
Stand
See

Eye
Body
Full
Light
You

Solution on page 203

Not One Is Forgotten

Luke 12:6–7

F O R G O T T E N
S W O R R A P S D
N R V M D T D N X
T X I A O U O R Y
J W E A M R O N R
A H E M H D E Y W
R D N N O Q P M R
E N O G T V L N D

Sparrows
Not
One
Forgotten
God

Hairs
Head
You
Are
More

Solution on page 203

The Crippled Woman

Luke 13:10–17

H C A L L E D D
S T V N F A E W
A G A R A L R D
W W E B P M E E
S E N P B R O M
G E I R U A O W
B R T C Z R S Y
C G L L F L M Q

Sabbath
Woman
Crippled
Saw
Called

Are
Set
Free
From
Cured

Solution on page 203

Place of Honor

Luke 14:7–14

T Z N T E C A L P
B L E S S E D H N
T X W E D D U D I
R I B W G M O N J
H E S O B T V W Y
O R H L T I Z T N
N P E G T H V T G
O T L E I M P J Z
R Y B T N H Q T R

Sit
Down
Place
Honor
Both

Lowest
Higher
Humble
Invite
Blessed

Solution on page 203

The Great Feast

Luke 14:15–24

E S T I L L L U F
T T C M N Y L D W
I T S O D N E H W
V M A A M R O O M
N O E E E E M B V
I R T M R F T D D
M E B B T G J K R

Great
Feast
When
Come
Ready

Invite
Still
Room
More
Full

Solution on page 203

The Lost Coin

Luke 15:8–10

S I L V E R E Q
Z T S O L C B S
R F T L I Y I M
E E I O E N O N
N M J N N G I J
O E B E D O N T
R Q R Y C S Q A

Ten
Silver
One
Finds
Rejoice

Lost
Coin
Joy
Angels
Sinner

Solution on page 204

The Lost Son

Luke 15:11–31

R D S N O S W N
E T N W H O M E
H Y S U A Z Y L
T O E A O N A R
A S W N E F T N
F V O T O F N T
K J Y L X M M Q

Two
Sons
Want
Money
Home

Father
Ran
Feast
Lost
Found

Solution on page 204

Jesus Sees Zacchaeus

Luke 19:1–10

R P O O R H D T
K E E S O O N J
T D N U W R P Y
S S S N I E E S
E E A C I E J T
U J H V R S D P
G L G T E B W D

Rich
See
Tree
Down
House

Guest
Sinner
Poor
Seek
Save

Solution on page 204

The Ten Servants

Luke 19:11–27

S T T R G R E G L
G T E Y E S Z X V
Y D N V U X R W G
J K L A T I M E S
N I I E V L L E W
S T U N E R Q P Y
V O J O G R E W R
Y Y Y D Y B A S M

King
Ten
Servants
Silver
Times

Well
Done
You
Are
Use

Solution on page 204

Alive in Jesus

Luke 20:27–40

R M N W M N G N
A T W I E O E Q
I M A V A R R B
S E E N D G J F
E R V L G A A R
D I I I I E E V
J H D J L K L D
C B M D Z A E S

Raised
From
Dead
Never
Die

Again
Like
Angels
Children
Alive

Solution on page 204

Hands and Feet

Luke 24:36–43

H H N K G Q P J
C J A H O E R P
U F O N A O W T
O S E C D I L Q
T U E E T S E B
D P O H T E K M
K D B Y S K L M

Peace
Be
With
You
Ghost

Look
Hands
Feet
Touch
See

Solution on page 204

Word Became Flesh

John 1:1–18

E L Y X D W T L R D
U Y Y K Z K Y N W L
R T H I N G S Y H W
T T L Y W L M G O Y
G B B T I E U R M Q
L R S F H O D V J T
N W E H R G X A Y T
R I K H I B I W M K
P T T T R N A L J D
Y H B Z R S E Z G R
N K K J T X Q S G Y

Was
Word
With
Through
Things

Made
Life
Light
Shines
True

Solution on page 205

Lamb of God

John 1:29–34

T J Y A W A D Z
A D E G B O W B
K Y L S G M N P
E L L R U H A S
S O D J O S A L
G O T J I W M Q
Y K B N L R Z M

John
Saw
Jesus
Look
Lamb

God
Takes
Away
Sin
World

Solution on page 205

God So Loved the World

John 3:16–21

B T D G D K Y R M
E E O L S G E M R
L D V O R V K N X
I I N A E O B N N
E L F O G R W N L
V L H E Y W T O N
E W E W J L V R R
S D N R Y E N N D
G N O N D Y T O B

God
Loved
World
Gave
One

Only
Son
Whoever
Believes
Life

Solution on page 205

Woman at the Well

John 4:1–26

G N A M O W B G
T N Y W G R N R
H D I I A I R K
I W V T V T N Z
R E E I T I E T
S G L L R I F R
T K O D L I S M
Y M V D G K M D

Well
Sitting
Woman
Give
Drink

Gift
God
Living
Water
Thirsty

Solution on page 205

Father and Son

John 5:19–30

F S H O W S L Z Y B
A J O T N E S I R Q
T X Y N R E N M F A
H D M A S S M S L E
E D E V N E E L K T
R H R D X V O M P D
W T D W O P L D T Q
J B B L D T Y D B Y

Son
Sees
Father
Does
Loves

Shows
All
Life
Sent
Hear

Solution on page 205

Bread of Life

John 6:22–40

D A Y P B L L I W
R J U R R S Z G Q
L A E H E A V E N
L A I M P N P D R
D I O S W T S A L
Z C F O E N G N K
J D D E M N M V L

Bread
Life
Comes
Down
Heaven

Will
Raise
Up
Last
Day

Solution on page 205

Teaching from God

John 7:12–31

G Z L W S S Y Q
S N O Y E I M D
U H I G N H O Y
S M V H T G K M
E W M W C M X O
J M O O I A H Y
R N N N R W E X
K V E Q P F X T

Jesus
Teaching
How
Mine
His

Who
Sent
Know
From
God

Solution on page 206

Truth Sets Free

John 8:31–47

G T F W O N K C
N R R A Y T H M
O U R B M I T F
L T J F L I A B
E H R D S T L G
B E R E H N T Y
E E I E P E I N
N L R W S Y R S

Know
Truth
Set
Free
Sins

Family
Father
Children
Lies
Belong

Solution on page 206

Called By Name

John 10:1–6

J J B B X N G V Y
R P P Y J Q A T W
Z Y R R K B V M T
M E H T L V H S E
L B D E V L L I S
G L A N R L G H S
R D O B A L E O T
S U Y C N E W T P
T T L J P N N P L

Calls
His
Own
Sheep
By

Name
And
Leads
Them
Out

Solution on page 206

The Saving Gate

John 10:9

W J Q S R E T N E
T H R O U G H K M
W G O E D B M Y B
I D A E H A E J T
L W V T V T E M M
L A M M E E M T X
S Z L T R Y R V Q

Am
The
Gate
Whoever
Enters

Through
Me
Will
Be
Saved

Solution on page 206

Life to the Full

John 10:10

D N A T Y T Z R L
D R T H M T N D L
J M A Y B C H G Z
Y V L K O T J E L
E N Y M H E L Y Y
B M E A T L F B V
Q L T H U O Q I L
R X E F L B T B L

Come
That
They
May
Have

Life
And
To
The
Full

Solution on page 207

The Good Shepherd

John 10:11

D A X T D H Q W
M R E H T I X J
P S E D N S L W
D Y S H O W J J
D A E H P O O Q
D L R F E E G D
T O P M I E H M
F Y B R G L P S

Am
The
Good
Shepherd
Lays

Down
His
Life
For
Sheep

Solution on page 207

One in the Father

John 10:22–42

B P E E H S R
F E T E L L H
A Q L O N C N
T L W I T O S
H N I A E E L
E I N F N V Y
R S S T E T E

Tell
Believe
Sheep
Life
Snatch

Father
One
His
Own
Sent

Solution on page 207

Jesus and Lazarus

John 11:1–44

S L D N E I R F W
U V M V K N P D Y
R T I C Y E T M T
A L I O E R I S E
Z S U L W M B V T
A T S E Y Q O R P
L A P W Q E R C J
T T G W J D S G Q

Lazarus
Friend
Sick
Asleep
Rise

Live
Yes
Wept
Come
Out

Solution on page 207

Lifted Up for All

John 12:20–36

W Y T R U S T
F R L K N D X
S O J I E O V
A L L T G O S
V G F L I H M
E I P C O A T
L T E U N W L

Son
Man
Glory
Follow
Save

Voice
Lifted
Up
Trust
Light

Solution on page 208

Jesus Washes Feet

John 13:1–17

L S D N A H F X Y
O R N W G E R G Q
V L E A E H E A D
E Y E T E H S A W
D R E W A L Q R Y
G E T N O W C Y M
B V M Q D T Z Z D

Loved
Very
End
Towel
Water

Wash
Feet
Hands
Head
Clean

Solution on page 208

Many Rooms

John 14:1–4

P G Y N A M L Z D B
R N J V S T W J X Q
E I H T D M B A C K
P O G O E J O D J B
A G X R U P Q O Q B
R E E L L S W L R D
E H M A M I E P M W
W Y C O T R T D K M
Z E T H C Q Y L L D

House
Many
Rooms
Going
Prepare

Place
Come
Back
With
Where

Solution on page 208

The Way to the Father

John 14:6–14

R Y M L S Y V B X
E N A T R E O N E
H G B W C Z E N V
T H R O U G H N N
A M M L W T Q Z M
F E L O U B T R L
S I N R E F I L M
W K T T R D R N Z

Way
Truth
Life
One
Comes

Father
Through
Will
Know
Seen

Solution on page 208

The Holy Spirit

John 14:15–31

R D R N R S R P T
S E K N P D R R H
E D H I G E J C J
N E R T V W A M E
D I V E A E I M B
T Y R I T F A T N
H O L Y G N W M H
F U N M B G D M L

Give
With
You
Forever
Holy

Spirit
Father
Send
Name
Teach

Solution on page 208

Love and Obey

John 15:9–10

S T N E M D N A M M O C
L A N B T B N K M Y J P
T M S I J D X E Z Y Y T
P Z Y K A W M E T K R J
J O M L O M D P L P L L
U M T N R M E B M O R M
L R F A T H E R V J D R
L M Y W Z G X E Z W Z T
M J R E V L D D J L W L
X T H X J D R M T J Y J
B T N D V R B X L K P V

As
The
Father
Loved
You

Now
Remain
My
Keep
Commandments

Solution on page 208

Love Each Other

John 15:12

T R W J G U M K D T
H R D H M Q O E S A
A X C D L L V Y M Z
V A M R N O O M Y B
E Q R E L A P V T Y
M L Y H M P M H E X
Q R Z T Q J I M Z T
J Z D O Y S Y Q O T
K K X D T L M Z Z C

My
Command
This
Love
Each

Other
As
Have
Loved
You

Solution on page 209

Greatest Friend

John 15:13

G R E A T E R E V
R D Z Q W T N K W
E Z O Q D O D X F
R V M N E N K R D
S D O M E E I K P
I L O L H E F D R
H S Y A N B O I R
T A S D R W L Z L
L J S X N M B M Y

Greater
Love
Has
One
This

Someone
Lay
Down
Life
Friends

Solution on page 209

He Chose Us

John 15:16a

R C H O S E T
A N M D S T N
E O E O I L D
B T O U A D W
Z H R S U O Y
C F T O G D M

Did
Not
Choose
Me
Chose

You
Go
Bear
Fruit
Last

Solution on page 209

Whatever You Ask

John 15:16b

W H A T E V E R
R E H T A F Y T
W G U N E M A N
E I I O K M R R
H V L S Y L L N
T E A L W Y M T

Whatever
You
Ask
In
My

Name
The
Father
Will
Give

Solution on page 209

Jesus Prays for Disciples

John 17:6–19

O N E M D Y N J
T C E T O R P D
W O R L D R R D
Y T B X G O F M
O M R A W W E V
U R V U O H R Y
R E G N T R R L
S Y K T L H R T

Gave
From
World
Yours
Word

Know
Truth
Protect
Them
One

Solution on page 209

Jesus Prays for Believers

John 17:20–26

T L T M T O Q L L
E O Z O H T L M K
P V Y W N I A U W
M E E K W L O P D
B D T I S Y Y D L
V O Q O L A M A Y
N T G N L E L L L
Q G X L Z Y B D R

Ask
Not
Only
Who
Will

Believe
You
Also
Loved
May

Solution on page 209

Pentecost

Acts 2:1–13

L A N G U A G E S
D T R M H T P Z M
E Q I C R E H T O
L H A R O T E Y R
L E O P I R A E H
I B L L I P D A Y
F E R F Y R S T R

Day
Fire
Each
Filled
Holy

Spirit
Other
Hear
People
Languages

Solution on page 210

Promises Kept

Acts 2:14–41

L R Z Z R R T R Y
J E J X M M J P Y
N P E S I M O R P
T E H P O R P N N
D N D W A D E N M
E T A I E V A O B
G V S L A N R E N
Q E A E P F K P D
D Q H G L P Y K P

Prophet
Knew
Plan
Raised
From

Dead
Heaven
Repent
Promise
Gave

Solution on page 210

Believers Together

Acts 2:43–47

B R A L L D W W X
E E D E V A S Z W
L H S H A R E O Y
I T L D D N N A V
E E R W E D D R M
V G W E E T P D D
E O D R H R D J M
R T S E Z Q E M B
S Y Y J L R M J M

Wonders
All
Believers
Together
They

Share
Need
Day
Were
Saved

Solution on page 210

Standing in the Name of Jesus

Acts 3:1–10

M Z X Q Q D R P R X
A D Y W W L L Z N T
N A G E B T Y A A M
D D W Y E D X H M R
T Y Q M X N W R M E
W G P Q L A R X W V
E L I L R T H A V E
E M T V J S L R R J
Y W A Y E K N D X J
W W B N M Z R T B Q

Man
Temple
Lame
What
Have

Give
Name
Stand
Walk
Began

Solution on page 210

The Name That Saves

Acts 4:1–21

D J M H P D D J Z
P Y E E T E M A N
Q O T S V I K M P
N E W A U A W T X
R H S E E S O Q N
Y J O P R N E E B
G T S J E J M B B

Peter
John
Power
One
Name

Jesus
Saved
Been
With
Speak

Solution on page 210

The Apostles Heal Many

Acts 5:12–16

S Y E H T C J N B L
N E Z Z U V U Y L G
G T L R M M E R E W
I R E T B D E D D A
S D E E S K T L L G
Q D R A C O L W N X
L S P I T A P B D M
R N S M F D N A X J

Signs
Apostles
Added
Great
Numbers

Sick
Fall
They
Were
Cured

Solution on page 210

Jesus Opens Saul's Eyes

Acts 9:1–22

D O D K S C S Y N
R G M I H A E Z Y
O L G R I R L W L
L H I N A U D T L
T S A G A S E Y E
T N W S H W H O V
A T T Z X T Z N K

Saul
Light
Who
Are
Lord

Eyes
Ananias
Go
Sight
Christ

Solution on page 211

We All Fall Short

Romans 3:23–24

T Q T H G I R F B E
Q R D D G J A N W S
M G O R O L L H U M
K N A H L G D S I M
V C S D S N E I K S
E W R I Z J K T D X
Y N M M N R M Q D R
Y N Y T X S M Z K Y

We
Fall
Short
God
His

Grace
Right
Did
Jesus
Sins

Solution on page 211

We Have Peace

Romans 5:1–5

L O R D L D D J D E
X P D T L M Z O P R
D B E T M Y N O U B
R H H A V E H B B S
L Q T M C R V F J M
N Y Y I R E D O Z H
W Q T B W M O R A Y
D D M R D V G S J X

Have
Peace
With
God
Lord

Has
Done
For
Us
Hope

Solution on page 211

God's Love through Christ

Romans 5:6–8

S R E N N I S
E T W G S Z Q
V T S H O S W
O D O I I D K
L W I H R L N
S Q E E W H E
U W J B D Y C

God
Shows
His
Love
Us

While
We
Sinners
Christ
Died

Solution on page 211

Nothing Can Separate

Romans 8:38–39

A E R U S K J S
T N P S N J E D
A S G L U P R G
B Q I E A S O G
L F V R L D E M
E O A O H S D J
L T R J B C Y Y
E D M L Q Y Y J

Sure
Life
Angels
Able
Separate

Love
God
Christ
Jesus
Lord

Solution on page 211

Overcome Evil with Good

Romans 12:9–21

R E T A H E M Y
E B S L V Y E M
H U S R I V Y D
T T E G O V W N
O S L L O I E V
N B B R T O N E
A M Y H J R D G

Love
Hate
Evil
Good
One

Another
Serve
Bless
But
With

Solution on page 211

Love Your Neighbor

Romans 13:8–12

N L O L D E P Y
T E O T A L O T
N V I C H U R E
E W H G R E M D
E A Q S H I R N
N L E D T B O Z
O L W W Z W O D
F R O N N P T R

Owe
Love
Each
Other
One

Law
Neighbor
Yourself
Time
Now

Solution on page 212

The Lord's Supper

1 Corinthians 11:23a–25

S O S L A T O O K
U B S K N A H T D
P R M C B W Y V N
P O K P U D Y B N
E K S N O P R P L
R E I B I E Y J K
J Y H B A R T R W
W J T D B Z D R Y

Took
Bread
Thanks
Broke
This

Body
Also
Cup
Supper
Drink

Solution on page 212

Love Never Fails

1 Corinthians 13:4–8a

J E R S N T K I N D
D V E O R H B Y J W
A O T U N X T V D V
D L T F M E Y I W N
E H W R A Z V P W B
V B W A T I J E R Z
I Y B D Y J L L R D
L Z Q N Z S B S G Y

Love
Kind
Does
Not
Evil

With
Truth
Always
Never
Fails

Solution on page 212

Our Hearts Shine

2 Corinthians 4:5–6

R Y D L Y P D D
W H E A R T S R
S Y T E L L B S
F U A S I O H N
O C S G I I R R
H U H E N R U D
D T T E J O H D
B W G X V K T C

Preach
Christ
Jesus
Lord
Light

Shine
Out
Of
Our
Hearts

Solution on page 212

New Creation

2 Corinthians 5:17–21

N O I T A E R C
C D M Y H S I N
H E E A N A J D
R M S S W E M Y
I O D A S O W Y
S C Y L R A Q N
T Y J F O P P K

Christ
New
Creation
Old
Has

Passed
Away
Come
From
Sin

Solution on page 212

Rich in Christ

2 Corinthians 8:9

B C L R O O P
E H R O K R M
C R S I R E J
A I A U C D T
M S W A S H Y
E T R M A E Q
D G Z T T K J

Grace
Lord
Jesus
Christ
Was

Rich
Yet
Became
Poor
That

Solution on page 212

One Body in Christ

Ephesians 4:1–16

C A P X N Q V N B
H H L O T N I R B
T O R L B D Q T X
I P P I G D A E H
A E E R S B O D Y
F P O N T T Q G T
U W L Q O R T W M

One
Body
Faith
Hope
All

Grow
Up
Into
Head
Christ

Solution on page 213

Press On

Philippians 3:12–21

P R I Z E X R
S N W Y D O B
S A E A F N O
E G H V I W R
R O J E A T J
P A G L A E P
L L K J J D H

Press
On
Ahead
Goal
Prize

Walk
Heaven
Wait
For
Body

Solution on page 213

He Is First

Colossians 1:15–20

C H T J W G P B
Y R G H R E E X
H V E U I F R F
A T D A O N I E
L J R R T R G Y
L V E A S E H S
R O F T E M D T
Y T P P L I B Q
W T Y Y Q H D J

All
Things
Earth
Were
Created

Through
For
Him
Before
First

Solution on page 213

Clothe with Love

Colossians 3:12–17

P E A C E N J N
W C L S E X S Z
I E L S E K Q L
T L O O N N G N
H H O A T N O T
C P H V I H A S
M T M S E Z E L

Chosen
Ones
Clothe
With
Has

Love
Let
Peace
Sing
Thanks

Solution on page 213

Jesus Came to Save

1 Timothy 1:12–17

S E J J Z R N M T
R C C Y E K T W P
E A N A N S O N J
N M O A R R U M A
N E H T L G J S V
I T R D N S A V E
S M I H Q I K N B

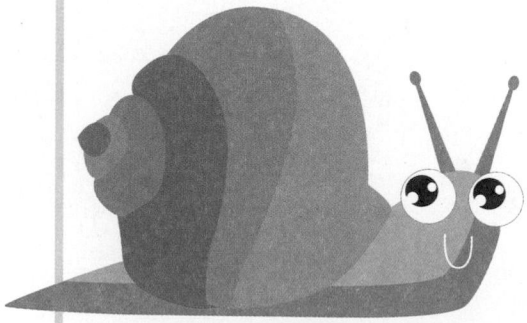

Thank
Him
Grace
Jesus
Came

Into
World
Save
Sinners
Am

Solution on page 213

Not Because of Works

2 Timothy 1:6–14

B T W N Q P N A F
M E O O O T F I G
G T C W R L G N Z
E R E A A K U R D
V R A M U O S N Z
O Y E C Y S Q P D
L T G K E Q E T K

You
Fan
Flame
Gift
Power

Love
Not
Because
Works
Grace

Solution on page 213

Washed with Pure Water

Hebrews 10:19–25

H T I W V W N
T C A B A E D
I Y L T W E T
A X E E H R D
F R R S A O N
W U A E O N N
P W H G P Z N

New
Way
Heart
Faith
Clean

Washed
With
Pure
Water
Good

Solution on page 214

Living Hope

1 Peter 1:3–9

G D M V W Y Z B R K
N R Z O N S M L N P
I N B R R E I I T M
V J N O R F A H P Z
I M L C R G H O P E
L G Y Y A N D L D T
D D R Y Y E K L T M
K M X E A N O L J L
K W P D A G B L L B
T N R K R T D R Z J

His
Great
Mercy
Born
Again

Living
Hope
From
Dead
Gold

Solution on page 214

He Cares about You

1 Peter 5:7

Y C E V I G W
A O A Y F O T
L B U R R O L
D O O R E M R
Y N I U L S G
R E A L T O G
S J A L D Z J

Give
All
Yours
Worries
And

God
For
Cares
About
You

Solution on page 214

Children of God

1 John 3:1

N E R D L I H C M
D T X S D F J Y M
W E A S A O D L T
H H L T E N G Z R
A L H L I E W M X
T E F K A E V O L
R O X T L C D W R

See
What
Kind
Love
Father

Has
Called
Children
Of
God

Solution on page 214

Let Us Love One Another

1 John 4:7

P D O G B R D Z G
A N O T H E R J Q
E K P G V U L E T
X G N O M O S Z V
T Q L O V L R N D
D E R E W B O R N
B F M Q B S Z P R

Beloved
Let
Us
Love
One

Another
From
God
Born
Knows

Solution on page 214

How Much We Are Loved

1 John 4:9

S D M U C H W D
E N E P N O O R
N B K W R G N Y
D V O L O D J L
I H D N E H M B
N Q L V O V S N
G Y O W N N O S
T L K Z Y V E L

God
Showed
How
Much
Loved

Sending
One
Only
Son
World

Solution on page 214

The Love That Came First

1 John 4:10

S A C R I F I C E
S D B S R U O D M
L N I S N N N J W
M H I D E O O L M
T Y L S L N T S R
D J G A V O T K Z
Z O D T E Y V L T
D B J B M R J E R

This
Real
Love
Not
God

Sent
Son
Sacrifice
Our
Sins

Solution on page 215

He Hears Us

1 John 5:13–14

E C N E D I F N O C
A M R Y E V L K K D
N T A P F L S N L Y
Y Y Y N I A O R S Z
T N G W L W Z R L P
H M D M Z J A V Y G
I Z I J D E M T W J
N S I H H Z J M Z D
G N T R B B M L T T

Name
Life
Confidence
Him
Ask

Anything
His
Will
Hears
Know

Solution on page 215

In the Love of God

Jude 20–21

T L N Q T Q L X T
I O P L X Z J P D
R V W D R Z Y J F
I E D B R Z L A T
P M Y K J O I D X
S L E D Y T L V Y
X E I R H O L Y P
P Z X F C Y U U Q
D Q Y L E Y L J Q

You
Up
Holy
Faith
Spirit

Keep
Love
Mercy
Lord
Life

Solution on page 215

Open the Door

Revelation 3:19–20

D N A T S N W B
S Y W K N O C K
R E T O V E D D
A D M O P O A M
E A I O O E H T
H C N R C T N N
E W Y D I T W S
J B Y W G Q L R

Stand
Door
And
Knock
Hears

Voice
Opens
Come
Eat
With

Solution on page 215

The River of Life

Revelation 22:1–5

M Z R Y R L M A M
P R T E I E N V V
L I M G F G V R Y
C A H P E I E E Y
E T M L N V L M J
E E S B I E C A F
R B T R X J B Q B
T X N B R Q P N L

Angel
River
Life
City
Tree

Lamb
See
Face
Light
Ever

Solution on page 215

Our Great Light

D L W G R T T N T
A T M M G L L H Q
R G N I K L A W E
K E N E I R T N K
N Y L G V A T Q D
E R H P E A X J N
S T N R O N H E G
S N G X I E E T G
K Z L R Q S P X L

Prince of Peace

S J Q V Y Y R Z G E
G O U S B R T R C J
X V N D B O Z A J R
R E H T A F E N C R
E M V W M P B H E M
B C Z R Z M I S J T
O M N P D L T G R N
R K V I D J O T J P
N T Q L R D N B Y N
X J T D Y P R V T T

All Shall See

S A L V A T I O N
H D W E E Q S L L
A O K N H E Z N K
L G D L E T W N K
L S L R E A R T H
O A N Q U T Y J Q
G F N N Q O P M Y

Love Is Better

N A H T P R G T Q
N W L W N R J Z T
B V J W R L U Y L
E E R E L L F O T
T R C I V I I L Y
T L W A R O I P S
E R J O U F L I S
R M L B E S J L T
W G T M Q B E Y P

His Love Endures

T S A F D A E T S
T B E G H N T R R
N H I R E I E Z T
N V A V U V S D Q
E E A N E D R D D
R E V R K G N L R
H O O O O S J E P
R F F D L J P R X

He Calms Fears

E T E R O I V A S M
V L V C F E A R S Q
O N I M I M L O R D
L S L V I O J B B Y
Z A G G I Y J K M Y
C L H N G N D E P R
T T R N O R G G R D
Y V Z T D S V V B K

Joseph and the Angel

H T O N M A N L
T P V A N D S R
Y M E G D P R D
R R E S I S I V
D L A R O A O Y
R J I M R J L N
O T G F J O J B
L R A T H N M M

God with Us

P E J J L W G B T L
E M Q T I W Y G B Z
O A D T N X X Q O L
P N H S D L I H C D
L U S M U D S G Z E
E L O V V S D I V B
D R L J P W E A N R
F Y W V L R S J R S

Baptism of Jesus

P L E A S E D D
J E V O L N E J
E W T O E Z S B
S T A V I P R D
U R A T I C O L
S E P R E V E N
H A I B E R O D
B T J K B S W T

Jesus Stays Strong

T Z L T D W N W D W
R B N I O Y O R M R
E Y R R V R T S E T
S S H E S E W N M L
E T A H A O D Y Y J
D W I T R D A B B R
Q P O L A W D Y Q Q
D K D B A N J J T W

Fishers of Men

E E L I L A G D
S M R C N W Z Y
L R B E O J L R
A N E L T M W G
K R L H A E E R
E O A K S N P M
F E E Y E I E L
S V G T J N F D

Sermon on the Mount

D T H H N M X M X
K E I E E Y E H T
I M S R A A Y W R
N G C S I V R X N
G Y R F E P E T R
D J O E M L S N M
O R R J A J B J R
M A R Y T T B B G

Light of the World

T X R G Y C I T Y
M H O E L Q D W L
S O G M D L Y O U
D H M I R N A Y N
A E I O L P U G B
R E W N R V L J X
E S L R E D V X M

Jesus Teaches about Prayer

F A T H E R L D R
Y S D E E N R R G
A N E M K A R Y Y
R S I E W T B D G
P H W E S E A R T
T A R O F M Q H J
Z R S O N N D P W
Q R R K D K P J R
M E D B N T J L V

The Lord's Prayer

F H E A V E N N N
B A E H B L N W M
R N T V T Y L O J
E A M H I R D I Q
A M T L E G A X W
D E O Y N R R E G
P U O I J J V O Y
R U K Q R Z T W F
R G D D L M N R B

Treasures in Heaven

S M D R D T G Q Q
N E V A E H T L Q
G R R B P R X M H
W E S U T B U T N
D H B T S R R O E
O W T V O A A R Y
D S Z O E R E E G
W Q L T N H E R H
K Y J A T Q R P T

Do Not Worry

R A E W O M T V
M R R D O A R M
T D Y R E P W L
M R E R L I F E
T I Y F R T D W
Z N Q D O O X M
T K P N O O W M
R B M K Z B D T

Seek First His Kingdom

Z X V Y T S A L L
S L T L W I T Z Y
N G M O N H Z Y Q
E T N O G N P B R
E K S I D T X R R
D M V R H G T J K
R E D E I T N E R
N Y S L P F E I P
J E J K N S D R K

Ask, Seek, Knock

D B Y M P K P L J N
E M D R W M S K P G
N D Y N L B N A O J
E G O D I O T O G S
P I W O C F D M T V
O V V K R L D F K N
M E W I L L I E N K
V N N Y M G E B V Q
B N J X M S T Y Y B

Build on the Rock

R J S D N P L V L
A R O D T L I U B
I W Y H R B R Z M
N G B E E O F R B
V Q S S C A W D Q
R I U K L N R Y K
W O P L M A R S W
H J G M Z M R N L

Jesus Calms the Storm

M W S F P Y E B O N
P A U W A V P M L M
T V S L A I D W Y J
M E E S E B T N R M
R S J K D T M H G J
O R A G A N C A L M
T L M O Y R I J M Z
S X B D J T X W J T

Jesus Forgives and Heals

L H N H T N F D
J X E O T O Y L
S E W A R I I P
I N S G R V A V
N K I U E T Q F
S V L N S A S L
E T B A A M G Y
M L Z X W M L K

Jesus Eats with Sinners

B Q X J X Z Z M Y
S E E S I R A H P
R H E A L T H Y N
E E L J T S E X L
N X N H D M A S J
N K E N O T I W X
I W D H I C T A E
S L B P K D V R Y

Blind No More

B D E H C U O T L
D E E H T I A F V
N S L N D M Y E S
I E T I E L O R D
L Y E R E P N J Y
B E C J N V O T W
S Y L M G T E V R

Sending Out the Disciples

P T X P L A E H S
R G W E T N Q E Z
E Z J E B N L Z E
A M T H L P E S T
C Y J S I V I S G
H Y E C L A E I K
Y X S Z R O V K Y
Y I U T R E S D Z
D G S L Y D L T J

The One Who Is to Come

D V H E A R D E
R E M R W B S S
X O A N J L I Q
C T W D E G G B
N D B A H W L J
E N O T L I S W
N B B O N K R Q
J X Q D G N D N

Jesus Gives Rest

S N R T M E K A T
L L W Q S Y O K E
I E U E C E M D K
G J V O A Y R M P
H L M I S R R L R
T E L A G R Y Q D
R Q E A B J N K K

The Family of Jesus

G D D T Y L M M R N N M
Y R D V S M K O L K X Y
N Y P W G R H V T T M D
E N O Y N A E E O H K T
D O E S L P Q H A H E B
W L D Q D Y W Y T V W R
F Q K N Q R M I K O E T
D A N N E T J D L L R N
G N T T L E R L Z L J B
G Y S H S M N K B M K L
L I V U E T J D D V Z L
S R S L J R R X B D L G

The Mustard Seed

T M S T S E G R A L R
D S O W B B Q M N D N
H E E D O D E E S J M
E F T L G R B I R D S
A I T N L N G R Y B R
V E B R A A I R Q D R
E L N V E L M K D J Q
N D W N M E P S B L D

Jesus Feeds Five Thousand

E F O O D P J M H Y N
J A G N I S S E L B E
R L T E Y R A B E V D
V O T B V V Z K I M Y
Z A W M E I O G F W Y
M V O N J R F I R N X
Y E P X B M S L N P Z
Q S Y N P H R Q W M V

Walk on Water

L D B R D D B P T Y
N N Q T S N Z Q Q Y
A F R A I D I F N D
N D V T Z J A W R B
Y E Y L B I E E D G
S Z J T T M T S R J
M I A H O E A L U J
T O N C P Z B E Q S
B G L K Q T J B S J

Miracles of Healing

E H K A E P S
D E S U S E J
W A L E E D M
O L A I N E L
R E A I L A S
C D L M I A Y
L B L D E M G

Son of God

Q Y N D H L H D B R
H O Q T I E D K Z D
S A R V A E Y L J X
P A I V S P Y E R A
E N E S E T D M Y L
G N E T S D R L K Y
N L E M O E S Y E K
B R V G M G M N P R

Like the Sun

W D N F J L M
D O U E A E T
T I S O N C E
L U A O L T E
S I H R I C N
U S K H F O T
N Z W E S A N

Humble Is the Greatest

G R N M O W V K H B Q G
R V N H O G N E M M R K
E R W X R D A V R L Y T
A E L P N V G S Y H M Q
T N J I E T I N U G T D
E O S N T H Q M I W M Y
S Y T E T T B B L K B V
T N Y Q M L L D L I H C
D A L N E O V E G B J L
L T M Y M W C J G Z P Z
L J Q G Q R M E Y P D N
W Q X Y Z B D D B J X D

Little Ones Who Trust

T B B Q N G J L
X R E E N S I N
A F U T G T E T
O R A S T R Y A
T N O L T E A M
N S E U L S R L
I I R S N R V R
J N L N Z D R D

Don't Look Down

N R A L L D O W N
E E L L N O L P Y
V H A N W I O R B
A T Z N T A R K B
E A S T G I Y T R
H F L E E E E S Q
Q E D H N L L Q N
L B T Y L O Z S K

The Lost Sheep

S L E A V E J M
N E E P S T H M
L N C D E U T S
O I N I N N H M
T I T D O E O T
F N R T E J S G
T E E P L O E Y
D M G W L E J R

Where Two or Three Gather

Q R W E P R D Z Q R
D P M H E T H E R E
G A T H E R E D Z N
N W T D D R M V N N
O A K O L P E G L J
F S D N E E R H T P
A Y M E H T Y N W K

Little Children, Come

S A I D T M B R Y Y
Q B H K S E B E T M
Y N J E V U L L N R
Q G E K A T S L P N
B N D R T V C E E T
T O W I D O E V J T
F L L B M L K N D T
Q D L E D T I Q N Z
V Q P N Z Z B H T B
W J T X J D N O C B

All Things Are Possible

N L G W Q N Y J T J
E L B I S S O P S K
G Y G T Q R D U T D
X G N H K R S H X T
A L L B S E I N R B
B L Y A J N R R A T
J U I G G M Q A Y M
R D T S O Q X R Q M
Y R Z T R D J T T M

Made Equal

E K W O R K E R S
R Q E N D T L T N
E I U M M N S Y Z
V P G A A A D T T
A D D H L S S W M
G E A D T R Y A P
G B Z Y I Z N R T
T M Y F B Q L M D

Jesus Is King

S E H C N A R B L K
C Y K K W D S J B Q
L X O T N D G R K K
O H Y U E B Z Y D D
A B O E R D Y W T Z
K X N S K T R L K B
S Y J R A N Y O R L
K I N G R N O I L J
J Z M O M N N D G Y
R D A Z V G J A B R
D D X M N Y K N Y M

The Greatest Commandment

E N V J Y N R R L D
V E S O U L U P V V
O I D V R O D H Z X
L G N Z Y W E F Z W
M H I D B A I A T V
V B M Z R R J Q L N
Z O M T S O D O G L
T R Y T W K L B T Z

On the Clouds of Heaven

N L B R X M N L Y
O N H A I S S E M
S V N N P G C N M
Y B X O N L E T N
P L W I O V H D N
N E M U A G N R L
R O D E I A O G Y
C S H R H F O D Y

The Earth Shook

S N N T T D I A S
H Q J O S B Z D Q
O D R E C A E M D
O N U R S A L D M
K Q I O R U N Y M
N E J T L O S B Y
D Z H D S D O G Z

Do Not Be Afraid

E P L G J P N D L B
R Y J Z E A E Y T T
E L T N F G Y Z G X
H Q O R N Y D R B M
J T A A A T J M A G
S I N E Y I O J Q M
D E A D E T S N P R
V Z M Y X S D E J D
J N R J J X J T D X

Jesus Casts Out Evil

O D T W M S Y D N
H J O Y P O G V Q
W N E I U L M N T
K N R S I T H B Z
O I A V U O G O D
T R E B L S T Q T
E N D Y M D G W B

A Town Cured

K S I C K R L
C O F K L E D
J U O E F N H
D Y R T V O V
P N G E U E D
U A A S D E R
K M E H B Z P

Be Clean

L M A K E U Y
T E V H O L Y
F H P Y A C T
E I Q R L N Q
L M N E O N D
B M A N D S K
E N Y C M Y Y

Good Always

S E O D D E V I L
A E B O B J P R P
B S O D E S H V T
B G L S T A B D D
A N U A N D G B M
T S N D E P P V J
H D J X U H M N L

Grow with Jesus

K T D I A S G G
I S S C A N R L
N E E H O O Z Y
G V E N W M N R
D R D W I T E D
O A O W O A V G
M H G J K N R G
Y L M D M T K G

A Touch of His Robe

F P Q K W X T M Y
A B O G Z O Q T Y
I E V W U E B O R
T T D C E X W N K
H T H E Z R A Z X
T E E Y L M Z W J
P R J N O A E N K
W J J W O L E T Q
R K B J L G J H R

The Sleeping Girl

F R Y N T A D L
A W Q D S L I D
I M A L E T I M
T J E S T A C Z
H E G L R H D L
P E E F I M R T
T U A L G I K R
M Y D W G D D R

Faith and Miracles

M E T F M M T Z
I M E T A A B C
R O A R H I O X
A H C W E U T T
C N H H L H D H
L W Y D I Z W Q
E O N N L M B K
S T R V A R M X

Running to Jesus

H T Y E L P O E P L
B E G G E D S B J S
T R A H B B Y I T L
N O Q L C B L A C R
E B Q L E U M L T K
W E N B G D O H Z R
Z D A B Y V E T T D
X Z R Z B Y T L V X

Ears Opened

D E N E P O M P M
S T N D P S U R S
R N G T E T A R Z
A E H N P A E I N
E V E J I G F P D
L A A K N K Q D B
L E R I L Y O Q N
N H F M M A D O D
Z P N Z D Y T Y L

Jesus Feeds Four Thousand

L E J D L D G Q
L D L E A N X Y
A B F P I Y R M
M T R H O G S O
S H T E N E V Y
M O S U A E P E
N L H I R D A J
B L N M F T G Z

Baskets of Bread

S B Y N A M T Z T
T R R S T R A E H
E E F O T V B Y T
K A N A K D S N M
S D O O O E J B Y
A B D R Y L M P M
B Z W E S R A E L

Welcome the Child

N A M E D D L W
M R Y M E N E X
S T E N Y L A D
E O O V C N L N
N N S O E I D Q
T J M U H O W N
Y E Q C C M H W
S Z N P L H Y W

Miracles in His Name

C Y F D N K M
H O O A L I N
R T M U R O S
I E S A R E T
S D C T O Z N
T L A D O A W
E Z B B C P W

The Kingdom of God

C L I T T L E K
H B P W T G I J
I S E E V N O T
L T L L G C H D
D O Y D O E Q H
R P O M S N C K
E M E E V U G Q
N N D Z S B Q S

Receive as a Child

E E Y E W Y L L
L R V D N Z O K
T Y L I D T I U
T K L L E N E D
I L I U G C O R
L H L D R E E D
C T O E S T O R
N M Q M T G M P

Blessings from Jesus

D E S S E L B X
R S K H S M R A
Z D E O E P U K
Y N I H O H M L
D A T A I T W K
T H R S L O N Q

The Last Will Be First

F M E H L A S T
I E U F T W T K
R M T C I U H M
S O Y Y H L R O
T C N B L A N T
M A T E T D G W
M Q T D V N Z E

Jesus Came to Serve

T W T S E R V E
A G I F I N O S
E T L G E D N Z
R M H O N L M N
G T A A R N A M
M Y H C D Y V W

Jesus Heals a Blind Beggar

G J H R D Y Y V N
B W T N T U O H S
Y E I J E L G B D
M L A S Y D E L Z
B L F C I G A E Z
M N R Y G G V M T
L E A A B A H Q V
M S R J H T R T M

Hosanna in the Highest

S M Y G Z N K D Q Q
A E H I G H E S T Y
N R H T N S C O L T
N D A C S K A O L C
A S N E N R Z W T J
S L L U O A E M N D
O B Z A O N R D Z T
H R D Y T F R B V M

Faith to Move Mountains

M E V E I L E B X Z L
B O S N S R N O T N I
P E U R L W H T I A F
A R U N O E V A H W N
W O A R T Z D G B T R
Y I H Y M A G D M Z Y
M T L Y T Z I M L L K
Q B L L M D T N N J X

The Son in the Vineyard

D R L J T S R T V
T R M R O N I Y J
S T A N L U E T X
E E B Y R S N W R
V N G F E A B L P
R A D N V N O N L
A N T R N V I A N
H T E D E Y S V W
Z S B D N T P P L

All to Jesus

R I C H C L M L L X
A G T O D O A T N B
L V I T N R Y L W B
L N B E G L D K M O
S R Y E Z Q L T L D
Q O M P M R W A Y D
V O D O T O Z Q M T
Z P R M D B R R D S
P E T I P D Q W Q B
V M W Y M G Y J T J

Jesus Will Return

N A M W B M D Q P Y
L B P R G N K V X X
R R L P P S N Y Z Y
N M Y O D W W R Z D
Q V W U A N G E L S
Q E O Y R N N R P W
R L K R M E O O E R
C B A O T W V E S Y
N Y V L K P S O P R
G Z P G L Z Z B P Y

The Last Supper

J J Y E Y N Y D L Q
K L V G D K O Q J G
Z A M L B O S I H T
G N B R L Y L D A P
K P E B T L Y K M X
Y A S M R V E W L Z
D W P U B O D Y T M
N I J U S V K T R D
R N L Q C E L E D N
P E M Z B B J T N B

Jesus In the Garden

Q R T W S R S
L O E O H S X
N L U H A A H
Y L I P T C T
S A Y W T A J
I G R A M B F
T D W P C U P

Jesus Is Arrested

T S I G N D Y N M Y
J W L M G B M N W N
U K E S T S E I R P
D D I L W R L T A P
A E D S V L F W Q R
S L N Q S E A P M N
D F J O L Y K R T X

Jesus Is Questioned

C H J P E N Y T
H I G E T N O N
R G E U S N O S
I H P S E U H N
S X T V L T S W
T G A I A A B R
Z E X E P T F D
H L D X D S T T

King of the Jews

D J Z K S N C R B Z
S J I U W R O R N X
P N S O U B N L Y D
G E R C E T A L I P
J C I O L J P N N R
B F M J H L J E W S
Y I L G Y T A P T R
H N P M Z Q X C Y Z

On the Cross

L T F L E S R U O Y
C R U C I F I E D D
T H W S D E V A S V
E T R A S E T T Z Z
M K Y I I O H B G T
P S I L S R R B V L
L T E N E T K C M L
E B T E G Y L N R G

Death of Jesus

N I A T R U C D
J E S U S J A D
H R K T B R O K
V A O A K G D G
L R J N S E B N
N A E I I R O R
Y S N R L S O R
S D C D L E Y F

The Tomb

H P E S O J K C O R
D G N Y Z Z G Y L Y
E E W E D T O M B W
E T L J N O Q D B M
N L A L E I B W N J
O A R L O S L B R T
T I L K I R U Y W D
S D Q L T P X S D N

Jesus Is Risen

A R S Q B Y N U S
F O N T L T Q M D
R L K R O N J N B
A L A M E N A R N
I E B S M W E L Q
D Y I M A R Y T G
T R Q Y D A Y R V

The Great Commission

E L W T T Z Q N T D
M V M O K Z O L L A
T Y E G R I R R T P
S H O I T L S A I D
W R E A L I D D X D
E M E M N E O B Q B
N R R T T O B R B L
C G O G G L Z X R N

Jesus Ascends into Heaven

T H D J N N V Q
A A F T E R L G
K N K V I O T K
E D A G R N D G
N E H D E D O G
H T U W T U G T
G Z N P T X D J

Ready for Jesus

A N H O J M K E Q
N T L O R D L D D
G R S X E P G B V
E Q N E M K E L W
L V W E I F A R Q
W R T H O R E M Z
D Z M R T A P B T
X T E G D R S G M
N M X Y T Z I O Q
Z N P B W X G B N

An Angel Sent to Mary

G U S M A R Y D R
A A O U Q G T O N
F L B Y S N J Z N
R E L R E E W M D
A G O S I I J G T
I N R R T E T K Q
D A D H B M L L R

Mary and Elizabeth Believe

D D L I H C D R
E W E N T E H S
V T N S P R F J
E Y I A S R Q Y
I M E R U E L M
L L A I I O L K
E Z T R H P D B
B G J V Y J S G

John the Baptist Is Born

R N A M E L S
E R E H T A F
H R G J V N K
T O O I O A K
O O O F E H A
M R H P E L N
L L S W L B W

Jesus Is Born

J B Y B A B N P Y N
O Q E V E O B R D J
S W L T S R B Y P J
E T E J H V E G N Q
P L N N J L M H N M
H Y R D T A E T T P
D R O B N N O H R D
R A B G J W Z Y E X
L M E D N B N M W M
Y R V Y J R L Y Z J

Shepherds Visit Jesus

S D R E H P E H S
N N I L W X P M Q
H I D A E D O O G
C G D L R G M Y K
T H N S I F N M G
A T A E N H A A D
W I R O W N C D N
D R T B L S Y Q X

Jesus in the Temple

T H G I L N G I S
W N P L O H I M Z
I C E E L P M E T
L H M S L D E Q Q
L I T O E M R B J
S L R J A R M M Y
N D D C L Y P J Y

In the Father's House

T A M A Z E D H
E T N E W B O L
A D R X L U O E
C S Q E S O L Y
H Y Y E H P O F
E J Y A M T I K
R B R E D N A N
S V T Q D W Z F

John Prepares the Way

Z V D J G P L W X M
N T O E V G A L F Q
B H N D R T Y I N T
N D R E E A R P I D
S O J R W E P R J Y
W I X R B V I E A T
D X N Z N P M W R N
O D R S S P N J T P
G K V K J Q Z L Q R

Jesus in Nazareth

Q F T T B G H Y N
T L R R O T N E S
Z H I E U W G X R
M N G R E O N M V
G E T I O P O O R
J W K D S T E L L
T S R Y G T T M D

Jesus Must Preach

K T N E S S W H Y
H I R D U R D R N
C N N S O N T L D
A N E G U O M J Y
E J E O D U G N R
R D F W S O D O G
P D N T S L M X X

Boats Full of Fish

G P C L Y J T P N
F N B A B X M Q L
I R I O T A S A W
S E A H N C D D P
H T G Y T O H D J
S A E T W O W V M
Y W K N I S N T R

Love Your Enemies

Y G M O T H E R S G
E V O L R N G P P T
W V R R E H R I T R
H R Y M U A A R V R
O P I B Y O B T N E
T E M V P Y Y D E J
S D O O G K I N D M

Do Not Judge

S P E C K N E
J N T O N V V
W U W Q I X P
I N D G L K K
L G R G C G E
L O T A E Y T
F L B T E K D

The Good Fruit

F L M R O N Q N Q
R I V L O W G W G
U V T S T O N V N
I E R R O B O U T
T E E D A H C A E
P E Z D V E B M D
Z M J V X Q H G G

Faith Like This

W D Y K R R H R D L
T H I S O E E R L Y
Y P L M A C G H M K
E H A L I T T L G Z
V N T F G I X J R L
A L F R A P E R P M
L O I F O S C O M E
S M M K U W K Y T L
B J J S E M Z D P M

The Widow's Son

T Y D Q K M N K
A Q T G E L W N
S M Z G Y R A N
N C R O W D P T
M A U W O D I W
L N M N S C V B
G T L L R O Y L
B Y R Y D Y N J

The Pharisee's House

E L W T E E F N
S E P O S V E N
R M S N M V O R
A H I I I A I L
E S O G R A N M
T N R U H A O Z
N O R D S R H T
F N T Y E E B P

The Parable of the Sower

Z S X D P B N N D L
L O L T R G D R Q M
M I R J L O A E P Y
E L J L G E W A E G
Q M E O H S R J O S
T F O D W A O D W J
G D K S B X Y W N Y
V T Z L D N D J E R
D R E L T D M L Y R

The Son of Man

D K R N P T N T M G
E J E S U S R B M G
S D S A W E O F J N
I E J D F Y R N A Y
A A L F R O D M A W
R D U J M I M D X D
K S B Z V T H J R D
T J W V Y Y L T L L

Jesus Sends Seventy-Two

Y V T W R E T O X T
B Y N Z V Q W E W L
S E V E N T Y T L G
R E R L Y B P O X L
A Y S L K E P W L L
E M B U A S Q N T Y
N K M C O H E A D M
M Y E K K H M N L N
Z M J Y R W Y V T W

The Good Samaritan

L R Y M Z Y J V S B
N A O J K E M A Z W
Y P W B R Y M Y T Q
C L Z A H A L I F E
R L C E R G W M J B
E M V I Z H I D W T
M O T Z O N L E D R
L A M T Z K L L N B
N R M Y M D T D A V

Mary and Martha

A H T R A M B Z V
Y R E S R F E E T
W R S L T E N G T
O G A I P I N J Y
R Z Y M S I S O G
K A L T H T Y D T
W R Q T Y B E W N
X N T V G B L R W

The Light in You

B O D Y L V D
U K L A M N Y
S N M L A T T
T P D T U H D
U E S E G F U
P E Y I R O N
E Q L E Y K L

Not One Is Forgotten

F O R G O T T E N
S W O R R A P S D
N R V M D T D N X
T X I A O U O R Y
J W E A M R O N R
A H E M H D E Y W
R D N N O Q P M R
E N O G T V L N D

The Crippled Woman

H C A L L E D D
S T V N F A E W
A G A R A L R D
W W E B P M E E
S E N P B R O M
G E I R U A O W
B R T C Z R S Y
C G L L F L M Q

Place of Honor

T Z N T E C A L P
B L E S S E D H N
T X W E D D U D I
R I B W G M O N J
H E S O B T V W Y
O R H L T I Z T N
N P E G T H V T G
O T L E I M P J Z
R Y B T N H Q T R

The Great Feast

E S T I L L L U F
T T C M N Y L D W
I T S O D N E H W
V M A A M R O O M
N O E E E E M B V
I R T M R F T D D
M E B B T G J K R

The Lost Coin

S I L V E R E Q
Z T S O L C B S
R F T L I Y I M
E E I O E N O N
N M J N N G I J
O E B E D O N T
R Q R Y C S Q A

The Lost Son

R D S N O S W N
E T N W H O M E
H Y S U A Z Y L
T O E A O N A R
A S W N E F T N
F V O T O F N T
K J Y L X M M Q

Jesus Sees Zacchaeus

R P O O R H D T
K E E S O O N J
T D N U W R P Y
S S S N I E E S
E E A C I E J T
U J H V R S D P
G L G T E B W D

The Ten Servants

S T T R G R E G L
G T E Y E S Z X V
Y D N V U X R W G
J K L A T I M E S
N I I E V L L E W
S T U N E R Q P Y
V O J O G R E W R
Y Y Y D Y B A S M

Alive in Jesus

R M N W M N G N
A T W I E O E Q
I M A V A R R B
S E E N D G J F
E R V L G A A R
D I I I I E E V
J H D J L K L D
C B M D Z A E S

Hands and Feet

H H N K G Q P J
C J A H O E R P
U F O N A O W T
O S E C D I L Q
T U E E T S E B
D P O H T E K M
K D B Y S K L M

Word Became Flesh

E L Y X D W T L R D
U Y Y K Z K Y N W L
R T H I N G S Y H W
T T L Y W L M G O Y
G B B T I E U R M Q
L R S F H O D V J T
N W E H R G X A Y T
R I K H I B I W M K
P T T T R N A L J D
Y H B Z R S E Z G R
N K K J T X Q S G Y

Lamb of God

T J Y A W A D Z
A D E G B O W B
K Y L S G M N P
E L L R U H A S
S O D J O S A L
G O T J I W M Q
Y K B N L R Z M

God So Loved the World

B T D G D K Y R M
E E O L S G E M R
L D V O R V K N X
I I N A E O B N N
E L F O G R W N L
V L H E Y W T O N
E W E W J L V R R
S D N R Y E N N D
G N O N D Y T O B

Woman at the Well

G N A M O W B G
T N Y W G R N R
H D I I A I R K
I W V T V T N Z
R E E I T I E T
S G L L R I F R
T K O D L I S M
Y M V D G K M D

Father and Son

F S H O W S L Z Y B
A J O T N E S I R Q
T X Y N R E N M F A
H D M A S S M S L E
E D E V N E E L K T
R H R D X V O M P D
W T D W O P L D T Q
J B B L D T Y D B Y

Bread of Life

D A Y P B L L I W
R J U R R S Z G Q
L A E H E A V E N
L A I M P N P D R
D I O S W T S A L
Z C F O E N G N K
J D D E M N M V L

Teaching from God

G Z L W S S Y Q
S N O Y E I M D
U H I G N H O Y
S M V H T G K M
E W M W C M X O
J M O O I A H Y
R N N N R W E X
K V E Q P F X T

Truth Sets Free

G T F W O N K C
N R R A Y T H M
O U R B M I T F
L T J F L I A B
E H R D S T L G
B E R E H N T Y
E E I E P E I N
N L R W S Y R S

Called By Name

J J B B X N G V Y
R P P Y J Q A T W
Z Y R R K B V M T
M E H T L V H S E
L B D E V L L I S
G L A N R L G H S
R D O B A L E O T
S U Y C N E W T P
T T L J P N N P L

The Saving Gate

W J Q S R E T N E
T H R O U G H K M
W G O E D B M Y B
I D A E H A E J T
L W V T V T E M M
L A M M E E M T X
S Z L T R Y R V Q

Life to the Full

D N A T Y T Z R L
D R T H M T N D L
J M A Y B C H G Z
Y V L K O T J E L
E N Y M H E L Y Y
B M E A T L F B V
Q L T H U O Q I L
R X E F L B T B L

The Good Shepherd

D A X T D H Q W
M R E H T I X J
P S E D N S L W
D Y S H O W J J
D A E H P O O Q
D L R F E E G D
T O P M I E H M
F Y B R G L P S

One in the Father

B P E E H S R
F E T E L L H
A Q L O N C N
T L W I T O S
H N I A E E L
E I N F N V Y
R S S T E T E

Jesus and Lazarus

S L D N E I R F W
U V M V K N P D Y
R T I C Y E T M T
A L I O E R I S E
Z S U L W M B V T
A T S E Y Q O R P
L A P W Q E R C J
T T G W J D S G Q

Lifted Up for All

W Y T R U S T
F R L K N D X
S O J I E O V
A L L T G O S
V G F L I H M
E I P C O A T
L T E U N W L

Jesus Washes Feet

L S D N A H F X Y
O R N W G E R G Q
V L E A E H E A D
E Y E T E H S A W
D R E W A L Q R Y
G E T N O W C Y M
B V M Q D T Z Z D

Many Rooms

P G Y N A M L Z D B
R N J V S T W J X Q
E I H T D M B A C K
P O G O E J O D J B
A G X R U P Q O Q B
R E E L L S W L R D
E H M A M I E P M W
W Y C O T R T D K M
Z E T H C Q Y L L D

The Way to the Father

R Y M L S Y V B X
E N A T R E O N E
H G B W C Z E N V
T H R O U G H N N
A M M L W T Q Z M
F E L O U B T R L
S I N R E F I L M
W K T T R D R N Z

The Holy Spirit

R D R N R S R P T
S E K N P D R R H
E D H I G E J C J
N E R T V W A M E
D I V E A E I M B
T Y R I T F A T N
H O L Y G N W M H
F U N M B G D M L

Love and Obey

S T N E M D N A M M O C
L A N B T B N K M Y J P
T M S I J D X E Z Y Y T
P Z Y K A W M E T K R J
J O M L O M D P L P L L
U M T N R M E B M O R M
L R F A T H E R V J D R
L M Y W Z G X E Z W Z T
M J R E V L D D J L W L
X T H X J D R M T J Y J
B T N D V R B X L K P V

Love Each Other

T R W J G U M K D T
H R D H M Q O E S A
A X C D L L V Y M Z
V A M R N O O M Y B
E Q R E L A P V T Y
M L Y H M P M H E X
Q R Z T Q J I M Z T
J Z D O Y S Y Q O T
K K X D T L M Z Z C

Greatest Friend

G R E A T E R E V
R D Z Q W T N K W
E Z O Q D O D X F
R V M N E N K R D
S D O M E E I K P
I L O L H E F D R
H S Y A N B O I R
T A S D R W L Z L
L J S X N M B M Y

He Chose Us

R C H O S E T
A N M D S T N
E O E O I L D
B T O U A D W
Z H R S U O Y
C F T O G D M

Whatever You Ask

W H A T E V E R
R E H T A F Y T
W G U N E M A N
E I I O K M R R
H V L S Y L L N
T E A L W Y M T

Jesus Prays for Disciples

O N E M D Y N J
T C E T O R P D
W O R L D R R D
Y T B X G O F M
O M R A W W E V
U R V U O H R Y
R E G N T R R L
S Y K T L H R T

Jesus Prays for Believers

T L T M T O Q L L
E O Z O H T L M K
P V Y W N I A U W
M E E K W L O P D
B D T I S Y Y D L
V O Q O L A M A Y
N T G N L E L L L
Q G X L Z Y B D R

Pentecost

L A N G U A G E S
D T R M H T P Z M
E Q I C R E H T O
L H A R O T E Y R
L E O P I R A E H
I B L L I P D A Y
F E R F Y R S T R

Promises Kept

L R Z Z R R T R Y
J E J X M M J P Y
N P E S I M O R P
T E H P O R P N N
D N D W A D E N M
E T A I E V A O B
G V S L A N R E N
Q E A E P F K P D
D Q H G L P Y K P

Believers Together

B R A L L D W W X
E E D E V A S Z W
L H S H A R E O Y
I T L D D N N A V
E E R W E D D R M
V G W E E T P D D
E O D R H R D J M
R T S E Z Q E M B
S Y Y J L R M J M

Standing in the Name of Jesus

M Z X Q Q D R P R X
A D Y W W L L Z N T
N A G E B T Y A A M
D D W Y E D X H M R
T Y Q M X N W R M E
W G P Q L A R X W V
E L I L R T H A V E
E M T V J S L R R J
Y W A Y E K N D X J
W W B N M Z R T B Q

The Name That Saves

D J M H P D D J Z
P Y E E T E M A N
Q O T S V I K M P
N E W A U A W T X
R H S E E S O Q N
Y J O P R N E E B
G T S J E J M B B

The Apostles Heal Many

S Y E H T C J N B L
N E Z Z U V U Y L G
G T L R M M E R E W
I R E T B D E D D A
S D E E S K T L L G
Q D R A C O L W N X
L S P I T A P B D M
R N S M F D N A X J

Jesus Opens Saul's Eyes

D O D K S C S Y N
R G M I H A E Z Y
O L G R I R L W L
L H I N A U D T L
T S A G A S E Y E
T N W S H W H O V
A T T Z X T Z N K

We All Fall Short

T Q T H G I R F B E
Q R D D G J A N W S
M G O R O L L H U M
K N A H L G D S I M
V C S D S N E I K S
E W R I Z J K T D X
Y N M M N R M Q D R
Y N Y T X S M Z K Y

We Have Peace

L O R D L D D J D E
X P D T L M Z O P R
D B E T M Y N O U B
R H H A V E H B B S
L Q T M C R V F J M
N Y Y I R E D O Z H
W Q T B W M O R A Y
D D M R D V G S J X

God's Love through Christ

S R E N N I S
E T W G S Z Q
V T S H O S W
O D O I I D K
L W I H R L N
S Q E E W H E
U W J B D Y C

Nothing Can Separate

A E R U S K J S
T N P S N J E D
A S G L U P R G
B Q I E A S O G
L F V R L D E M
E O A O H S D J
L T R J B C Y Y
E D M L Q Y Y J

Overcome Evil with Good

R E T A H E M Y
E B S L V Y E M
H U S R I V Y D
T T E G O V W N
O S L L O I E V
N B B R T O N E
A M Y H J R D G

Love Your Neighbor

N L O L D E P Y
T E O T A L O T
N V I C H U R E
E W H G R E M D
E A Q S H I R N
N L E D T B O Z
O L W W Z W O D
F R O N N P T R

The Lord's Supper

S O S L A T O O K
U B S K N A H T D
P R M C B W Y V N
P O K P U D Y B N
E K S N O P R P L
R E I B I E Y J K
J Y H B A R T R W
W J T D B Z D R Y

Love Never Fails

J E R S N T K I N D
D V E O R H B Y J W
A O T U N X T V D V
D L T F M E Y I W N
E H W R A Z V P W B
V B W A T I J E R Z
I Y B D Y J L L R D
L Z Q N Z S B S G Y

Our Hearts Shine

R Y D L Y P D D
W H E A R T S R
S Y T E L L B S
F U A S I O H N
O C S G I I R R
H U H E N R U D
D T T E J O H D
B W G X V K T C

New Creation

N O I T A E R C
C D M Y H S I N
H E E A N A J D
R M S S W E M Y
I O D A S O W Y
S C Y L R A Q N
T Y J F O P P K

Rich in Christ

B C L R O O P
E H R O K R M
C R S I R E J
A I A U C D T
M S W A S H Y
E T R M A E Q
D G Z T T K J

One Body in Christ

C A P X N Q V N B
H H L O T N I R B
T O R L B D Q T X
I P P I G D A E H
A E E R S B O D Y
F P O N T T Q G T
U W L Q O R T W M

Press On

P R I Z E X R
S N W Y D O B
S A E A F N O
E G H V I W R
R O J E A T J
P A G L A E P
L L K J J D H

He Is First

C H T J W G P B
Y R G H R E E X
H V E U I F R F
A T D A O N I E
L J R R T R G Y
L V E A S E H S
R O F T E M D T
Y T P P L I B Q
W T Y Y Q H D J

Clothe with Love

P E A C E N J N
W C L S E X S Z
I E L S E K Q L
T L O O N N G N
H H O A T N O T
C P H V I H A S
M T M S E Z E L

Jesus Came to Save

S E J J Z R N M T
R C C Y E K T W P
E A N A N S O N J
N M O A R R U M A
N E H T L G J S V
I T R D N S A V E
S M I H Q I K N B

Not Because of Works

B T W N Q P N A F
M E O O O T F I G
G T C W R L G N Z
E R E A A K U R D
V R A M U O S N Z
O Y E C Y S Q P D
L T G K E Q E T K

Washed with Pure Water

H T I W V W N
T C A B A E D
I Y L T W E T
A X E E H R D
F R R S A O N
W U A E O N N
P W H G P Z N

Living Hope

G D M V W Y Z B R K
N R Z O N S M L N P
I N B R R E I I T M
V J N O R F A H P Z
I M L C R G H O P E
L G Y Y A N D L D T
D D R Y Y E K L T M
K M X E A N O L J L
K W P D A G B L L B
T N R K R T D R Z J

He Cares about You

Y C E V I G W
A O A Y F O T
L B U R R O L
D O O R E M R
Y N I U L S G
R E A L T O G
S J A L D Z J

Children of God

N E R D L I H C M
D T X S D F J Y M
W E A S A O D L T
H H L T E N G Z R
A L H L I E W M X
T E F K A E V O L
R O X T L C D W R

Let Us Love One Another

P D O G B R D Z G
A N O T H E R J Q
E K P G V U L E T
X G N O M O S Z V
T Q L O V L R N D
D E R E W B O R N
B F M Q B S Z P R

How Much We Are Loved

S D M U C H W D
E N E P N O O R
N B K W R G N Y
D V O L O D J L
I H D N E H M B
N Q L V O V S N
G Y O W N N O S
T L K Z Y V E L

The Love That Came First

S A C R I F I C E
S D B S R U O D M
L N I S N N N J W
M H I D E O O L M
T Y L S L N T S R
D J G A V O T K Z
Z O D T E Y V L T
D B J B M R J E R

He Hears Us

E C N E D I F N O C
A M R Y E V L K K D
N T A P F L S N L Y
Y Y Y N I A O R S Z
T N G W L W Z R L P
H M D M Z J A V Y G
I Z I J D E M T W J
N S I H H Z J M Z D
G N T R B B M L T T

In the Love of God

T L N Q T Q L X T
I O P L X Z J P D
R V W D R Z Y J F
I E D B R Z L A T
P M Y K J O I D X
S L E D Y T L V Y
X E I R H O L Y P
P Z X F C Y U U Q
D Q Y L E Y L J Q

Open the Door

D N A T S N W B
S Y W K N O C K
R E T O V E D D
A D M O P O A M
E A I O O E H T
H C N R C T N N
E W Y D I T W S
J B Y W G Q L R

The River of Life

M Z R Y R L M A M
P R T E I E N V V
L I M G F G V R Y
C A H P E I E E Y
E T M L N V L M J
E E S B I E C A F
R B T R X J B Q B
T X N B R Q P N L

Glossary

Blessing: God's approval or protection.

Command/Commandments: A rule from God, as in the Ten Commandments.

Crucify/Crucifixion: The way Jesus was killed by being nailed to a cross.

Disciples: Followers of a teacher or leader, especially one of the twelve who followed Jesus during his time on earth.

Faith: Trust within your heart and belief in God.

Glory: Great honor and praise for God.

Grace: To show kindness and love even when it is not deserved.

Harvest: The gathering of crops that have ripened in a season.

Holy Spirit: The third person in the Holy Trinity after the Father and Son.

Honor: Great respect and admiration.

Hosanna: A shout of praise or joy, often connected to being saved or having trust in a savior.

Humble: Not thinking of yourself as perfect or better than other people.

Judge: To decide if someone or something is good or bad.

Kingdom: The land under the rule of a king; also used to talk about living under God's commands.

Lame: Unable to walk easily because of an injury or illness.

Mercy: To show forgiveness or kindness even when it is hard.

Messiah: Christ, the savior of mankind.

Mighty: Powerful.

Miracle: An amazing event that can't be explained other than God made it happen.

Obey: To follow commands, especially God's.

Pray: To talk to God.

Preach: To teach a Bible lesson in front of a group of people.

Rejoice: To show great joy, especially because of God's goodness.

Repent: To turn away from sin and try to change.

Sacrifice: To give something up to help someone else, as Jesus gave up his life to take away our sins.

Salvation: Saving or protecting from harm, as Jesus saves us from sin if we believe in him.

Seek: To try to find something or someone.

Serve: To work for someone, especially God.

Sin: To do something against God's wishes.

Sow: To plant seeds.

Vineyard: An area of land where grapevines are grown.

Weary: Tired.

Worship: To show great love and respect, especially for God.

Yoke: A wooden tool that connects two work animals to make pulling a load easier.